京都のおねだん

大野裕之

講談社現代新書
2419

「京都のおねだん」のミステリー

「京都のおねだん」はわかりにくい。

まずもって、単純に料金がわからないものが多い。

学生時代に、鴨川の納涼床《ゆか》に行きたくて、先斗町《ぽんとちょう》（五花街の一つで、芸舞妓の芸を楽しむお茶屋や料亭が立ち並ぶ）を歩いてみたことがあった。当時、外から見て値段がわかったのは四条大橋北隣の「いづもや」さんだけだった。それが今では、先斗町ですら安い料理屋が増え、親切なことに店先には値段の表も掲げられている。今や、「京都のおねだん」にまつわるミステリー（と風情）は失われたのか？

いやいや、そんなことはない。先日、ミステリーどころかホラーのような話を聞いた。

さる著名な漫画家先生が、京都の有名料亭で食事をして、カニ鍋がとても美味だったので思わずおかわりしてしまった。東京に戻った後、二ヵ月ほどして届いた請求書には、30万円と書かれていたという。あまりの高さに憤慨し、その請求書をほったらかしておいたところ、そのままですんでしまったらしい。

なんせストーリー・テラーさんゆえ、むろん話を盛っている可能性は大である。だから、この話をまんま鵜呑みにしてはいけない。ただ、高い請求書が届いて、この先生は結局支払っていないのに、その後一切請求が来ない点――つまり、「あのお人、払わはらへんかったわ。ほほ」と笑われて終わってしまったとすれば恐ろしい話であるし、あるいはもし一見さんお断りの店なら先生に店を紹介した人が黙って全額支払って尻拭いをしたはずで、にもかかわらず先生は得意げにネタにして喋っているとすれば、もはや身の毛もよだつホラーである。


――と、こんな嘘か本当かわからないエピソードを集めて、「ね。京都って不思議なとこでしょ？」という本を書くつもりはない。そんなのはいじましくて嫌だ。

漫画家先生の「京都ネタ」が、多少の誇張はあっても実際にそのようなことがあったとして、真面目な話、「30万円」がカニ代だけだったとは考えにくい。名前の通った老舗がぼったくりをすることはあり得ない。要するに、店側は正当な請求をしたのにこの先生にはその「おねだん」が理解できなかった、というだけのことではないだろうか。

いったい、「30万円」は何のおねだんだったのか？　これがこの話からまったくわからない点が、京都のおねだんのミステリーなのだ。

なぜこれがこんな高いおねだんなのか、なぜあれがあんな安いおねだんなのか、なんでそれが無料なのか、あるいはそもそもこんなものあんなものにどうしておねだんがつくのか——京都では往々にしてそういうよくわからない局面に出くわす。京都人は何にどれだけ支払うのかという価値基準が、ほかの地域とはいささか異なっているように思えるのだ。

そこが、京都を京都たらしめているゆえんかもしれない。もしかしたら、京都の「おねだん」を知ることは、京都人の思考や人生観を知ることかもしれない。

ところで最初に断っておくが、私には「京都本」を出す資格はない。自己紹介しておくと、私は大阪生まれで、大学進学を機に京都に住み、舞台や映画を作ったり、映画の研究書を書いたりしている者だ。要するに、京都に来て住みついているだけの人間である。

京都本といえば、有名な観光地や料理屋を解説したガイド本から、代々洛中に生まれ育ち京都を知り尽くした京都人によるウンチク本まで、多種多様に存在する。が、本書はそのいずれでもない。

京都はロール・プレイング・ゲームのような街だと思う。

関東に住まいするある芸能プロダクションの社長さんで、仲間内では京都通として知られる人がいる。彼は、お正月は毎年さる京都の老舗旅館で迎える。二十年間通い詰めたある年、女将さんは彼に言った。「＊＊さんは二十年も通《かよ》てくれはりましたさかい、今年は奥の部屋にさしてもらいました」。

えっ？

今まで、あれが一番いい部屋だと思っていたのだけど、まだいい部屋があったの？

つまり、その社長さんは、二十年かかって「ステージをクリア」し、レベルが一つ上がったわけだ。

私も京都に住んでからの二十数年で、いくつかのアイテムを手に入れ、秘密の場所からワープし、ボスキャラに出会って次のレベルへと引き上げてもらい、などなど繰り返していくうちに京都というRPGにはまってやめられなくなってしまった。本書は、大学に進学してから京都に住まいすること二十余年という「京都人見習い」が、「京都のおねだん」の秘密に迫るべく、おそるおそる筆をとるという試みだ。見習いゆえのこの街への愛だけはあると思っている。見習いにしか気づかない何かが、あるかもしれない。

目次

プロローグ

おもてなしのおねだん

3万2000円〜9万円

❖チャップリンの定宿

二〇二〇年の夏季オリンピック・パラリンピック招致のためのスピーチで、プレゼンターの滝川クリステルさんが、「東京は皆さまをユニークにお迎えいたします」と、「おもてなし」の精神を説いた。日本のおもてなしと西洋のホスピタリティはどう違うのか。そのスピーチでは、「ひとつ簡単な例」として「お金を落としても返ってくる」ことが紹介された。

なぜそんな例だけが挙げられているのかちょっと不思議な気もしたけれど、おかげで「おもてなし」は流行語になったし、日本にオリンピックがやってくるらしいので、それはそれでよかったのだろう。

以来、「おもてなし」が日本文化を象徴するキーワードの一つにすらなった感がある。というわけで、最初は、京都の「おもてなし」のおねだんの話。

私はチャップリンの研究者でもあるので、チャップリンの話から始めたい。

チャップリンは戦前の一九三六年と戦後の一九六一年、合計二回京都を訪れている。どの国のものであれ伝統文化が好きだった喜劇王は、たちまち古都の風情に魅せられた。

戦前は、麩屋町御池《ふやちょうおいけ》の柊《ひいらぎや》家旅館に泊まった。一八一八（文政元）年創業の柊家は、いうまでもなく古都の最高級旅館の一つであるが、ほかでもない柊家を選んだという点で、かの喜劇王が深く京都を理解していたことがわかる。

京都に「老舗」「高級」と呼ばれる旅館は多くある。どれも一度は泊まりたい憧れの宿だが、やはり敷居を高く感じて、泊まる前から緊張してしまうこともある。京都老舗ブランドを前面に押し出すことは、ビジネスとしてはまったく正しい。しかし、やれ布団はどこそこの一流品で、などとこだわりを恩着せがましくいわれると、せっかくのお宿で心休

茶托に品よくあしらわれた柊の意匠。柊家で。

まる暇もない。

それに比べて、柊家には余計な華美さはなく、心から落ち着ける質実な品格がある。玄関に掲げられた「来者如帰」の額の文字通り、初めて来る人にも家に帰ってきたかのようなくつろぎを感じさせる。「日本のかなしみ」を描き続けた川端康成は、ここの調度に目立たないようにあしらわれた柊の文様を見て、「この目立たないことゝ変らないことは、古い都の柊家のいゝところだ。昔から格はあっても、もののしくはなかった。京都は昔から宿屋がよくて、旅客を親しく落ちつかせたものだが、それも変りつつある」（柊家HPより）と、柊家の「万事控目」を懐かしく思った。

ていねいに打ち水され、品のいいお香のにおいがする玄関をあがって、右に入っていったところが三島由紀夫愛用の大きな座敷だ。玄関から左の奥の角部屋は、川端康成が執筆に使っていた。明け方、書き上げた原稿を扉の外に置いて、文豪は眠りにつく。それを仲居さんが早朝に出版社へ届けたという。

康成が『古都』を執筆していたときは、下鴨神社近くの昔公家屋敷だったところを借り上げて、柊家からよく川端好みの料理を作って届けた。百回を超える新聞連載だったので、飽きがこないようにあえて別の屋敷に案内し、時にはおにぎりのような家庭的な料理もお持ちしたと、長年仲居を務めた田口八重さんの自伝『おこしやす——京都の老舗旅館「柊家」で仲居六十年』（栄光出版社）にある。柊家の細やかなおもてなしが、かの名作を生んだ。

✤ 七十年前の生け花

二〇〇六〜〇九年に京都でチャップリン国際シンポジウムを企画・開催した。そのとき、チャップリンの娘のジョゼフィンや息子のユージーン、孫のチャーリー・シストヴァリスらを招聘したのだが、彼らの宿泊のことを柊家さんにご相談すると、女将さんの西村明美さんは「チャップリンさんとのご縁ですし」と、快く最高のお部屋を提供してくれた。

ジョゼフィンは、素晴らしいお部屋に美術品と呼ぶべき几帳が飾ってあるのを見て感嘆の声をあげ、父が泊まってから七十年後に初めて訪れたこの宿で、「来者如帰」の通り我が家に帰ってきたかのようにくつろいでいた。東郷平八郎の書があるお部屋で京都でも最高峰という京懐石を一緒にいただいたことは、忘れられない思い出だ。

ジョゼフィンは帰りしな、「私は生まれたときから世界各地で最高のホテルにしか泊まったことがありませんが（この発言もすごい）、柊家はほかとは比べものにならない。最高です」と喜んでくれた。同じことをプライベートで夫と喋っていたのが聞こえてきて、私たちを喜ばせるために言ったのではないことがわかって、余計に嬉しくなった。

さて、当のチャップリンはどの部屋に泊まったのだろうか。

一九三六年の来日時の写真を見ると、『モダン・タイムス』（一九三六年）、『独裁者』（一九四〇年）のヒロインで当時チャップリンのパートナーだったポーレット・ゴダード、当時の秘書で日系人のフランク・ヨネモリとの三人で、お茶室で抹茶をいただいているショットがある。おそらくは、庭からそのお茶室に行くことのできる隣の角部屋に泊まったのだろうと西村明美さんは推測する。

この写真のお茶室は現存している。近年、お茶をたてることはなかなかないそうだが、繁忙期にはこの小さな部屋も二人部屋として泊まることができるとのこと。

柊家のお茶室の一輪挿し。

チャップリンとポーレット・ゴダード。柊家のお茶室にて。(提供:柊家)

私が初めてかの茶室を訪れたのも、チャップリンの導きだった。ハリウッドで活躍する日系四世の俳優クライド・クサツ氏が、チャップリン秘書を長く務めた高野虎市《こうのとらいち》についての記録映画を製作していた。クライドは私の『チャップリンの影　日本人秘書・高野虎市』(講談社)を読んでくれたそうで、来日して、私のインタビューを撮りたいとのこと。場所はどこがいいかということになり、思い切って柊家さんにお願いした。女将さんはご快諾くださり、美しい茶室に撮影機材が運び込まれた。

ところが、途中、クライドが面白いことを言い始めた。「寂しいので金屏風でも立ててくれ」というのだ。簡素なたたずまいこそ茶室の美であるのだが、アメリカ人に押しつけるわけにもいくまい。仲居さんは、「へえ、ほな用意さしてもらいます」と言いつつも、「今日はチャップリンさんが来られたときと同じしつらえで花を生けさせてもろてます」と添えた。見ると、背後の柱の一輪挿しに、つつましく咲く花があった。急なお願いにもかかわらず、さりげなく、最高の演出を用意してくださっていたのだ。

クライドも私もその奥ゆかしさに感動し、むろん金屏風はやめにした。これぞチャップリンが愛した京のおもてなしか。

撮影の最中に季節外れの雪が舞い始め、クライドは「チャップリンとコーノからのプレゼントだ」と呟いた。

最高の部屋、最高の調度、最高の料理、そしてチャップリンが愛したおもてなし――。柊家は一泊二食付3万2000円～9万円。むろん、最高級旅館ゆえそれなりのおねだんだが、オリンピックの「おもてなし」に数千億円の競技場を建設する必要があることを思えば、こちらはかなりお得だ。

ところで、前述の内容を以前、月刊「新潮」(二〇〇五年六月号)に書いたことがある。さるテレビ局がそれを読んで、ワイドショーの京都ネタでも探していたのだろうか、「チャップリンが来たときと同じ花を生けてもらって映像を撮りたい」などと私に連絡があった。その方が、どれだけチャップリンやその花に興味があったのかわからないが、すぐに連絡は途切れた。

結局、そのテレビ局は撮影しないことになって、正直ほっとした。花を生けてくださいと押しかけて、こちらが言った通りにしていただくのは、「おもてなし」とは違う気がする。おもてなしとは、単なる「サービス」ではなくて、もてなす方ともてなされる方との、心と心の通い合いだろうから。

と、ここまで書いて、以前、さる著名人が京都の名店に到着したところ、出迎えがなかったのとブログで激昂していたのを読んだことを思い出した。それはおもてなしが足りなかったのか、それともその方がもてなされるには足りなかったのか、私には判断がつかないが、ともあれ、主と客が姿見のように映しあい、優しく厳しく自分自身を教えてくれるのがおもてなしだとしたら、それは確かに日本文化を象徴する何かかもしれない。

第一章　食のおねだん

「浜作」三代目が喜劇王の三代目の前で、ウズラを叩く。

料理のおねだん　2万5000円から

文豪の書

私の母校・大阪府立茨木高校の正門脇には、もっとも著名な卒業生である川端康成がノーベル文学賞受賞記念講演のために訪れた際に揮毫《きごう》した石碑がある。「以文会友」と書かれた力強い筆致は、古怪で大きく、私のように書に明るくない者でも一度見たら忘れられないものだ。

その後、京都に住み始めて、茨木高校卒業生ならピンとくるあの筆跡を、あちらこちらで見かけることに気づいた。多くは、料亭や旅館、骨董品屋の看板であったりする。

康成は茶器や掛け軸などのコレクターとしても知られているが、骨董品屋での品定めの方法は奇妙なものであったという話を聞いたことがある。文豪はこれという品を見つけると、何日も骨董品屋に通い詰めて、朝から晩まであの眼でじっと凝視するのだという。そしてある日、閉店間際に、この品を買いたいのだが、見極めるために一週間ほど自宅で預からせて欲しいと申し出る。変わった申し出だが相手が相手ゆえ、骨董品屋も断ることができない。そうして一週間たっても戻って来ずに、そのまま康成のコレクションになったことも多々あったという。わざとそうしていたわけではあるまい。その品が借り物であることを本当に忘れてしまったのか、あるいは支払ったつもりになっているのか。他方、文豪についてはこんな話もある。経営していた出版社・鎌倉文庫が資金難に陥ったとき、「では、私が書をいくつかしたためればいいでしょう」とこともなげに言って、周囲を驚かせたという。

ひょっとすると、京都に点在する康成筆の看板は、料理や骨董品のお代がわりだったのだろうか。しかし、康成の筆による「柳」の看板を掲げる古美術商の柳孝さんは、「それは都市伝説ですよ」と笑う。文豪は大和大路通新門前（骨董品屋の多いエリアだ）の柳さんの店に通い、ちゃんとお代を払って花器や茶碗を購入した。相当な目利きだったという。まだ幼かった柳さんの息子さんに習字の手ほどきをしてくれたのが良い思い出だ。

ともあれ、康成に限らず文人や芸術家の筆による店の看板は、京都のあちこちで見かける。

浜作のこと

祇園《ぎおん》下河原にある板前割烹「浜作《はまさく》」の初代・森川栄はお客の前で料理をして提供するカウンター割烹を世に広めたパイオニアだ。戦前から外国製の生地で洋服を仕立て、イタリア製の靴をはいて、清元やダンスにも造詣の深い趣味人だった。このダンディズムは、クラシック音楽のレコードとCDのコレクションを二階のカフェで聴かせ、ドビュッシーが音楽評論を書く時のペンネームにちなんで「反好事家八分音符氏《ムッシュー・クロッシュ・アンティディレッタント》」と名乗る三代目・森川裕之さんにもただしく受け継がれている。

この看板も康成によるものだ。「この看板はお代がわりですか」と聞くわけにもいかないが、康成に限らず、役者からも映画人からもお金はあまりいただきませんでした、と三代目は笑う。ちなみに、三代目の叔父は、モダンで鮮烈な感性を時代劇にほとばしらせた傑作『武士道無残』（一九六〇年）を残した森川英太郎監督だ。

そんなわけで、浜作には映画・演劇人、歌舞伎俳優から文人まで、文化人が集った。映画監督の溝口健二と脚本家の依田義賢《よだよしかた》も、浜作の二階でシナリオ会議をやっていたそうだ。（溝口からの「この脚本は日本語ですか？　あなたはパスポートを取って外国に行ったらどうですか？」というきついダメだしの末に依田が名脚本を書き上げたという、ここでなされた伝説のシナリオ会議のことを書くと、別の本が一冊できる。）

たまたま、私の大学時代のシェイクスピアの先生が、三男の依田義丸《よしまる》教授だったのだ

①川端康成が母校に贈った揮毫。この文字を刻んだ石碑が正門脇にある（協力：大阪府立茨木高校 久敬会）。以下は京都であちこちに見かける川端の筆跡。②割烹「浜作」。③古美術「柳」。④佐々木酒造の日本酒「古都」のラベルに用いられた書。蔵元の事務室に原本がある。

が、「長いこと食うや食わずの生活に耐えてたら、急におやじが札束を持って帰ってきよる、しばらくしたらまた貧乏に戻る、その繰り返しやった」と思い出話をしてくれた。そんな生活の脚本家が、連日浜作で打ち合わせができるはずもないので、文化人からお金を貰わなかったというのは本当なのだろう。

洛中育ちで京を描いた作品も多い、映画監督の吉村公三郎《こうざぶろう》が書いた『京の路地裏』（岩波現代文庫）には、浜作での溝口のエピソードが出てくる。ある日、吉村は大先輩の溝口に連れられてはじめて浜作を訪れた。かのヴェネツィア映画祭最高賞の巨匠は、その日同席していた、密かに思いを寄せる田中絹代に対する照れ隠しからか、国際政治問題のような難しい話題について延々語り続けたのだが、吉村はふぐの美味しさに感激してまったく話を聞くどころではなく、ひたすら食べ続けたという。

その吉村が監督した『偽れる盛装』（一九五一年）で進藤英太郎扮する、料亭「伊勢浜」主人のモデルは浜作の初代であり、包丁を握る場面では手のアップで出演もしている。初代が伊勢海老を鮮やかにさばくクローズアップがたっぷりある。食通の吉村は、どうしてもその包丁の技をフィルムに残しておきたかったのだろう。物語には不要かもしれないが、やはり京都の味を知っている人にしか撮れない絵だ。

✿チャップリンの大好物

実は、チャップリンも浜作の味を愛した一人だ。もちろん、戦前のアクション・スターであるダグラス・フェアバンクス、「アメリカの恋人」メアリー・ピックフォードからマーロン・ブランドに至るまで、数々の大スターがここを訪れているが、喜劇王の来店は初代森川栄の生涯一の出来事だったという。噂を聞きつけて店の外には黒山の人だかりができる中、初代はチャップリンの目の前でウズラを料理した。二本の包丁の背でリズミカルに、ウズラの骨が少し残る程度に叩いて、絶妙な加減で焼き上げる。初代はリズムよく叩くために太鼓の稽古までしたという。その美技にチャップリンが拍手喝采したことを、初代は終生自慢していた。チャップリンは、戦後も浜作を訪れた。

ある年の春に三代目は、チャップリンの孫のチャーリー・シストヴァリスをご招待くださった。「おじいさんがお好きやったウズラをお召し上がりください」。チャップリンの来店から八十年経って、初代と同じリズムで孫がウズラを調理している様子を、喜劇王の孫は食い入るように見て、八十年前と同じく拍手喝采した。こんな世代をまたいだ交流が成り立つのも、京都ならではのことだ。美味しくいただいた孫チャーリーは、サインの代わりに、「ある昼下がり、桜の木の下にあらわれた牧神。ウズラを三羽捕まえて食べてしまった」と反好事家を名乗る森川裕之さんにドビュッシーの『牧神の午後』にちなんで詩を贈った。

料理とおかず

さて、この項のテーマは「料理」のおねだんだが、「料理」なら、別に浜作でなくても、京都でなくても、一般的におねだんのついているものだ。それはもちろんそうなのだが、ここで銀座のデパート松屋の社長だった古屋徳兵衛の言葉を引用したい。

「大体料理というのは関西料理のことをいうのである。関東のは、料理ではなくて〈おかず〉、つまり飯のおかずなんだ。てんぷら、鰻、そばのだし汁、江戸の食べものの代表のことを考えてみ給え」（前出・『京の路地裏』）

なるほど毎月美食を楽しむ会を主催していたという食通が言うだけあって、説得力がある。江戸にも各地方にも美味しいものはたくさんあるが、古屋によると料理とは京・大阪のものらしい。（まったくの余談だが、近年耳にする「大阪人はお好み焼きをおかずにご飯を食べる」というのは事実ではなく、大阪で生まれたが目撃したことはない。もちろん、ラーメン屋の定食でラーメンとチャーハンがセットになっているように、お好み焼きとご飯のセットは存在するが、おかずにしているわけではない。あれは料理とおかずの概念の違いから出たフィクションだと思われる。ノリのいい大阪人がそれに応じるから、この手の話はひとり歩きする。)

というわけで、「料理」のおねだんは、カウンターで2万5000円から。その味がいかなるものかは、店内に飾られた川端康成の筆が簡潔かつ雄弁に物語る。曰く「古都の味　日本の味　浜作」。

「抹茶パフェ」のおねだん　1080円

先斗町の「茶香房」

高瀬川のほとりにある旧立誠《りつせい》小学校は、土佐藩邸のあった場所に建っているが、一八九七（明治三十）年一月の「ある寒い雪の日」（当時の記録にもこのように書かれており、正確な日付はわからない）に、フランスから上映機材を持ち帰った稲畑勝太郎《いなはたかつたろう》によって日本で初めて映画（シネマトグラフ）が上映された場所でもある。

そんな縁もあり、廃校となった今でも文化イベントに使われている。私も、そこのグラウンドで、野外劇を上演したことがあるが、そのときに、近くにある五花街の一つ・先斗町の芸舞妓さんからお差し入れをいただけるという特典にありついた。そのときにさる芸妓さんからいただいた「茶香房《ちゃこうぼう》　長竹《ながたけ》」の抹茶大福の美味しさは感動的だった。それは、まさに抹茶大福。これに比べると、ほかのはただの「お茶の粉入り大福」としか思えなかった。

また食べたいと思って、お店を訪ねることにした。先斗町歌舞練場から少し先斗町通を下がったところにお店はある。すっかりお菓子屋かと思って行ってみたのだが、甘味処と小料理屋を兼ねたようなところだった。「茶香房」の名の通り、口の中で艶やかに香る玉露をはじめ、煎茶やさまざまな珍しいお茶、そしてお抹茶を使ったさまざまなデザートをいただける。ご飯を食べるなら、京野菜のおばんざいに美味しいお魚、栄養満点の特製野菜スープに、すっきりと冷えた辛口の日本酒「奥丹波」をいただいて4000円〜5000円程度。

ご主人の長竹俊三さんは、定休日には常連さんとバスを借り切って地方の芝居小屋への観劇ツアーを組むという、素敵な趣味人であるのだが、お店の隅々まで主人のざっくばらんでいて良質な趣味が行き届き、訪れた人を心地良く馴染み客にしてくれる。

❖ 抹茶パフェの発明者

洛北は大徳寺の近く、紫野《むらさきの》に生まれた長竹さんは学校を出て呉服屋に勤めた。女性の家庭着がウールの着物だった時代で、全国のデパートでの京都呉服即売会に出向いては、苦もなく高い営業成績をあげていた。室町通は御池から五条まですべて呉服屋に織屋。機の音が一日中ギッタンギッタンと響いていたので、西陣では大きな声で会話しなければならなかった。

しかし、あるとき、女性が普段着でもスカートをはきはじめた。長竹さんは「突然のことやった」と記憶している。気がつくと、大阪万博の頃にはみんな洋装になっていた。和服はすたれ、西陣から機の音がぴたりと止んだ。

長竹さんは呉服屋を辞めて、全国を営業で廻っていた時代に各地方のデパートの社長さんにバーなど夜の店に連れて行ってもらった楽しさを思い出し、当時流行の「洋酒喫茶」で働いてみることにした。木屋町にあった「ワインリバー」は、当時若者で賑わっていた。広い店内にいくつかのカウンターがあり、カクテルを提供する。長竹さんはそこのバーテンダーとなった。

バーテンダーは二年で辞めたが、その経験が後に生かされることになる。やはり太陽の光を浴びる仕事に戻ろうと思ったとき、人づてに茶商と出会った。宇治に七ヘクタールの茶園を持っていた茶商は、「喫茶店」をするので手伝って欲しいということだった。茶商のいう喫茶店とは、文字通り「お茶を出す店」だった。「喫茶店ってゆうのに、コーヒーには値段がついてて、なんでお茶はただやねん」。世間でないがしろにされている緑茶の価値を知らしめたいと思っていたのだという。茶商は金沢で代を重ねた家柄で、兄弟に著名な歴史学者がいたこともあり、学究肌の人物だった。「伝統にこだわらず、お茶にこだわる人やった」と長竹さんは懐かしむ。お家元を頂点とした「お茶」の世界を大切にしながら、もっとみんなが親しめるものにしたいとも感じていた。バーテンダーの経験を生かして、若者も親しめる「茶の世界」を作って欲しい。それが茶商の思いだった。

長竹さんは様々なアイディアを練った。ヒントは、茶商が茶園で一服するときに飲んでいた「抹茶ミルク」（今でいう「抹茶ラテ」のようなもの）だった。その頃、すでに「抹茶ソフトクリーム」は存在していたが、ほかにも抹茶を使ってなんでも新しいことをやってやろうと長竹さんは思った。バーテンダーらしく、新しいカクテルを作る発想で、抹茶と様々なものを組み合わせていった。

抹茶独特の香ばしい苦みは、甘いものと合う。またそもそも、抹茶はいわば生鮮食品であり、しかも繊細な粉末なので、温度管理がなっていないと、すぐにダメになる。うまみや香りを十分に生かすためには、調理の際にも、温度が上がりすぎてはいけない。したがって、冷たいお菓子との相性が良かった。そんな特性を生かして、長竹さんは「抹茶ゼリー」に「抹茶わらび餅」、「抹茶あんみつ」など、たくさんの「新製品」を創り出した。

長竹さんの最大のヒット作は、店に参加して一年後の一九七二（昭和四十七）年に開発した「抹茶パフェ」だ。彼こそ、今や全国に広まった、抹茶パフェの発明者である。茶商が精魂込めて育てた宇治の最高級の抹茶をふんだんに使って、長竹さんは、バーテンダーの発想で若い女性が楽しめる新しい茶の世界を作り出したわけだ。茶商の茶に対する思いを間近に見て、長竹さんも茶を突きつめようと、スリランカ、台湾など世界の茶を見てまわった。

✿抹茶あれこれの今

だが、そんな二人の共同作業は、茶商が亡くなったことで終わってしまう。茶商と二人で抹茶パフェを生み出したお店は、いろいろあって茶商の数人の子供のうちの一人が経営権を握った。店の代替わりからしばらくして長竹さんは独立し、一九九九（平成十一）年に今の「長竹」を開店する。彼が責任を持てるクオリティを保つには、一店舗だけでやっていくしかなかったのだ。

「抹茶パフェ」なるメニューは、現在ではどこにでもあるし、「抹茶ラテ」をはじめ、「抹茶あれこれ」はおびただしく存在する。抹茶といえば、お茶席で和菓子とともにいただく贅沢品のはずだが、いつからチェーン店の「抹茶あれこれ」に供給できるほど大量生産できるようになったのか。

パイオニアである長竹さんも、昨今の「抹茶あれこれ」がなぜあんな安い値段でできる

長竹の玉露。

同じくあんみつ。モノクロではわかりにくいが、抹茶アイスと抹茶わらび餅は吸い込まれるような深緑色。

のか、不思議に思っている。抹茶は、摘み取り前の時期にお茶の木に覆いをかぶせて、茶葉に当たる日光の量を調節することで、煎茶とは違う独特の風味を得る。栽培にも、製品にした後の温度管理にも、とても手間ひまのかかるものなのだ。どうやら巷には普通の煎茶と同じように作ったお茶の葉を粉末にした、単なる粉のお茶を使って、「抹茶あれこれ」を大量生産している業者もあるらしい。「茶香房　長竹」のデザートは、そんな「抹茶あれこれ」とは次元が違うものだ。

長竹さんは、あくまでお茶会で使える宇治の最高級の抹茶だけを使う。抹茶パフェは1080円、名物の抹茶大福は六個で1300円。本物を使うとこの値段になる。大福の中には、鮮やかで濃い深緑色の抹茶のあんがぎゅっと詰まっている。

ちなみに、宇治にあった茶商の七ヘクタールの茶畑は売り払われ、その場所にはマンションが建った。店は全国展開し、京都ブランドの強みで繁盛している（おそらく）。それがビジネスとして正しいのかどうか、ここでは何も言うまい。ただ、千利休以来の伝統、それに立脚した学究肌の改革、新世代の趣味人のこだわり、そしてその後のお家騒動も含めて、それらすべてが、いかにも京都らしい話ではある。

ハイカラな爆弾のおねだん　150円

❖「コーヒ」の味わい方

「料理のおねだん」の項でも触れたが、文化人と食のつながりを示す話は京都にはとりわけ多い。そんな逸話を聞きながら、時代を代表する文豪やスター俳優たちが愛した味を、いまも同じように味わえるのが京都の楽しみの一つだろう。たいていはおねだんの高いものだが、たとえば谷崎潤一郎が好んだ「イノダコーヒ」のミルクコーヒーなら手が届く。

コーヒーは、あらかじめミルクと砂糖を入れた状態で運ばれてくるのが京都流だ。熱いうちによく混ぜて一番美味しい状態で飲んで欲しいという、昔からのサービスだそうだ。多くの芸術家を支援し、戦前は反戦運動の拠点でもあった、四条木屋町《しじょうきやまち》の「フランソア喫茶室」でもミルク入りが名物だ。

ちなみに、「イノダコーヒ」に限らず、「コーヒ」と長音符がつかない店は京都・大阪に多数存在する。ただし、発音は「コーヒー」としっかり伸ばすのでご注意されたい。上方の発音は、何も書いていなくても末尾は伸ばす。「茶」は「ちゃあ（「あ」にアクセント）」。「目」は「めえ（「え」にアクセント）」などなど。

ご注意ついでに、京都の老舗のコーヒー店では、近年は注文の際に、ご丁寧に「ミルクコーヒーにしますか？　それともコーヒーとミルク・砂糖を分けた状態（要するに「ブラック」のことだ）でお持ちしますか」と聞かれるが、それは選択肢だと思わないほうが良い。素直に「はい、入れてください」と答えるようにしよう。一度、東京在住の友人が、うかつにも「ブラックで」と答えてしまい、「当店の名物はミルクと砂糖をあらかじめ入れたミルクコーヒーですが、本当にブラックでよろしいですか？」と二度聞きされてしまったことがある（ほんなら、最初に聞くな）。

✿ハイカラ好きの京都人

意外と知られていない事実だが、京都府は一人当たりのコーヒーとパンの購買額が日本一である。男女ともに働く商家が多く、朝食に調理の手間が省けるパンが好まれることと、なにより元来の新しいもの好きなのだ。「日本料理があんなにうまいのだから、外国の料理が発達しないのも無理はないし、又その必要もない」（「婦人公論」一九二八年四月号「東西味くらべ」）と谷崎潤一郎は書いたが、海外の料理も京都流の発展を遂げている。たとえば中華料理は、日本最古のエレベーターがあることで有名な北京料理「東華菜館」や、祇園《ぎおん》という芸舞妓の多い土地柄、スパイスは控えめにやさしい味の広東料理「竹香」など、京風にアレンジされて独特のものとなっているし、フランス料理では、もともとフランス人が多く居住する土地ゆえ発達した正統派フランス料理に加え、懐石との融合ジャンルも生まれた。祇園の「おくむら」はカウンター割烹のスタイルも取り入れて、このジャンルを深化させている。季節の花を飾り付けた八寸のスタイルでオードブルを出し、清水焼のような正統派懐石にふさわしい器に、京野菜を使ったメニューはもちろん、フォア・グラのようなフランスを代表する食材が調理され、それらが違和感なく見事に調和した形で白木のカウンターに運ばれる。

京都のイタリア料理の草分けである福村賢一さんは、日本に生パスタを導入したパイオニア的存在でもある。福村さんがイタリアで修業をした一九七〇年代はまだ、「イタリア人って何語喋ってるんや？」と聞かれるほど日本にはなじみの薄い国で、周囲からは変人扱いされたとのこと。そんな中、京都の修道院にいたイタリア人（やはり、昔から京都にはそういう人がいるのだ）に言葉を習い、戦前京都帝国大学のイタリア語教師だった人類学者フォスコ・マライーニ（娘に著名な詩人のダーチャ・マライーニがいる）の紹介で、ローマの「チェレスティーナ」の門を叩いた。映画監督のフェデリコ・フェリーニや俳優のマルチェロ・

マストロヤンニも常連客だった店に、その後も五十回以上通って修業を重ね、名シェフ、マルチェロ・ファッツィの一番弟子となった。

帰国して父親の洋食店をイタリア料理店に改めて、四条富小路《とみのこうじ》に「フクムラ」を開店。京都初の本格的イタリア料理専門店だった。一九八〇年頃に、福村さんは生パスタ製造機械をイタリアから持ち帰り、生パスタの美味しさをいち早く日本に紹介した。それまでも手打ちの生パスタはあったのだが、福村さんは、イタリアで使われている、機械で圧力をかけてできるコシのある生麵にこだわった。こうして、「フクムラ」のイクラの冷製パスタは京都の冬の名物といってもいい一皿となった。

店は桑原武夫をはじめ名だたる京都文化人に愛された。イタリア語辞書の決定版といわれる『新伊和辞典』(白水社)の編者・野上素一《そいち》京大名誉教授(教え子に小松左京らがいる)も常連だった。彼がプロシュット・クルードを「生ハム」と訳したがために、衛生法上問題になってしまい、「福村さん、ごめんな。あれ、『塩漬けハム』と訳せば良かったなあ」と悔いていたことなどは、イタリア語研究の泰斗(留学中にイタリア敗戦で逃れた先のドイツで収容所に入れられたというからまさに命がけの開拓者だ)とイタリア料理の草分けとの知られざる交流だろう。

福村さんは、フクムラを親戚に譲って一度は引退したものの、京都市の肝いりで御池小中学校に保育所・老人デイサービスセンター・飲食店を併設した世代を超えた交流を目指す施設ができたときに、その目玉として再登板の声があがった。現在オーナーシェフを務める「リストランテ ストラーダ」は、各界の大立物から京都での撮影の合間の俳優たちまでが集う場所となっている。

「コーヒ」にしてもイタリア料理にしても、京都人の好きなハイカラな食と文化のつながりの話には事欠かない。

✿「檸檬の店」と丸善

「えたいの知れない不吉な塊が私の心を始終圧えつけていた」。京都を舞台にした梶井基次郎の短編『檸檬《れもん》』の書き出しだ。主人公の「私」は、音楽を聴いても、大好きだった丸善でゴージャスな小物を見ても、心躍らなかった。しかし、あるとき寺町二条の角にあった果物屋のレモンに強く惹かれ、思わず一つだけ買って歩き出す。

気がつけば丸善の前にいた「私」は、丸善の美術書売り場で色とりどりの画集を積み上げて、その上にレモンを「据えつけ」、そのまま外に出る。「丸善の棚へ黄金色に輝く恐ろしい爆弾を仕掛けて来た奇怪な悪漢が私で、もう十分後にはあの丸善が美術の棚を中心として大爆発をするのだったらどんなにおもしろいだろう」と熱心に想像しながら。

八百卯が入っていたビルには閉店後も看板は長くそのままに置かれていた（現在は撤去）。ビル内の案内表示には現在も店名が残る。

この小説が書かれたのは一九二五年のこと。旧制三高（京都大学の前身の一つ）の出身で、かつては享楽にふけり無頼を気取ったこともあった梶井だが、この頃は借金に苦しみ、肺を病み、友人の下宿を転々としていた。何をすることもなく「見すぼらしくて美しいものに強くひきつけられ」、壊れかかった路地などをあてもなく歩く間にくだんのレモンに出会った「私」は、梶井本人の内面の感覚を再構成した人物に他ならない。胸が苦しくなるほどの感受性の発露とも言える作品世界に憧れて、小説の発表以来、丸善京都本店にレモンを置いて帰る人が後を絶たなかった。

「私」がレモンを買った寺町二条の「八百卯《やおう》」は、明るいショーウィンドウが並ぶ寺町通の中で、「どうしたわけかその店頭の周囲だけが妙に暗い」ことで梶井を引きつけた。「近所にある鎰《かぎ》屋《や》の二階の硝子窓をすかして眺めたこの果物店の眺めほど、その時どきの私を興がらせたものは寺町の中でも稀だった」。

「鎰屋」とは、八百卯と同じ寺町二条に店を構えていた、創業一六九六（元禄九）年の老舗菓子屋、鎰屋延秋《のぶあき》のことだ。一九〇七（明治四十）年に、京都初の洋菓子店とされる村上開新堂が近くにオープンしたとき、和菓子専門だった鎰屋も、「これからは洋菓子の時代や」ということで、若い者を神戸や横浜の洋菓子店に修業に行かせて、和菓子も洋菓子もあつかう店にして、二階を喫茶パーラーにした。これが大流行し、『檸檬』の頃の鎰屋の二階は当時オシャレなデートスポットになっていた。

その後、鎰屋は、戦時中の金属類回収令のために鍋などを失い、跡継ぎの問題もあって、戦後すぐの一九五〇年に惜しまれつつ廃業した。二〇〇五年に丸善京都本店は店じまいし、最終日に閉店を惜しむファンが書棚のあちこちに置いたレモンとともに（「粉葉《こつば》みじん」に？）消えてしまった。二〇〇九年には寺町二条の八百卯も閉店した。鎰屋があった場所には今はコンビニがある。

「京都は変わらないようで変わっている」とは京都に長く住んで映画評論家として活躍した滝沢一の言葉だが、『檸檬』の風景はすっかり変わってしまった。

✿ 変わるもの、受け継がれるもの

変わっていく中で、もちろん受け継がれるものもある。一九二〇（大正九）年頃、鍵屋の若き菓子職人七人が、暖簾分けで独立した。

和菓子については、百万遍《ひゃくまんべん》のかぎや政秋《まさあき》が継承し、「ときわ木」は今も京都を代表する銘菓として名高い。洋菓子のほうは、寺町の下御霊《しもごりょう》神社近くに店を出した分家がその技を継承した。戦後は本家に倣って、河原町荒神口を上がったところに喫茶パーラー「スイス」を構えた。本店はなくなってしまったが、こうして弟子たちによって、老舗の味は継承された。

下御霊神社近くの店が分家してすぐ、洋菓子においても鍵屋らしい銘菓をと思い立ったのが、梶井にちなんだ「レモンケーキ」だ。今は河原町荒神口のパーラーの場所に菓子店も統合して営業している KAGIYA の名物となっている。分家鍵屋三代目のご主人は、祖父の考案したレシピ――レモン汁をしぼって、果汁とすったレモン皮を混ぜた生地をレモン型に焼いて、レモン風味のホワイト・チョコレートをかける――を守って現代に伝えている。

この文章を書くときに、なぜ KAGIYA のレモンケーキを思い出したのか。第一の理由は、「家の近所だから」というのがある。しかし、近所には手土産で持参すれば誰からも喜ばれる「阿闍梨餅《あじやり》」の満月本店もあるし、出町にはこしあんの甘さと赤えんどうの塩味の妙でいつも行列ができる「豆餅」のふたばもある。「阿闍梨餅」や「豆餅」にも文化人とのつながりを探せばいくらでもあるだろうし、なによりこれぞ京都にしかない味である。

対して、レモンケーキの類は、今やコンビニでも売っているし、しかもコンビニの洋菓子は何が入っているのか知らないが、ふっくら柔らかく焼き上げられていて、正直いってとても美味しい。しかし、KAGIYA のレモンケーキはそんな当世風の味ではない。小麦粉、砂糖、バターの素朴な味、それらが貴重だった時代の重厚な味だ。老舗の和菓子のようにほかにはない味ではなく、むしろかつてどこにでもあった味、子供の頃の街の洋菓子屋さんの味がする。梶井は、恋人たちが集う鎰屋パーラーの二階で、ひとりぼっちで寺町通を見下ろして、「妙に暗い」八百卯のたたずまいに惹きつけられていた。彼が「ハイカラな」洋菓子を食べながら、果物屋の店先のレモンに極彩色の妄想を抱いていたのかと思うと、たとえば創業数百年の伝統を受け継ぐ老舗の、いかなる批評の付け入る隙もない和菓子よりも、むしろ KAGIYA のレモンケーキの素朴さに『檸檬』の時代の面影を感じるのだ。

KAGIYAのレモンケーキを食べながら、その食べかすをぱさぱさと落としつつ、鎰屋本店のあった寺町通を歩いてみる。前述の村上開新堂にお茶の一保堂《いっぽどう》など老舗が建ち並び、三月書房などの一癖ある書店が続く。「ふと、そこが京都ではなくて京都から何百里も離れた仙台とか長崎とか——そのような市へ今自分が来ているのだ——という錯覚を起こそう」と梶井は努めたが、鎰屋も八百卯もない寺町でも、そこが現代ではなくて現代から何十年も離れた、梶井が歩いた時代だと錯覚を起こすのは思ったよりも容易かもしれない。『檸檬』に描かれた若者の鬱屈も、自堕落の果てに肥大化した妄想といってしまえば、ネット時代の今もさして変わらない。梶井にならって路地を迷っていると、KAGIYAから一本西に入ったところの廬山寺《ろざんじ》に着いた。梶井の時代どころか、紫式部が『源氏物語』を書いた場所にして、「花散里《はなちるさと》」の屋敷があっただろう場所だ。王朝の恋物語を編んだ門の前で自堕落なハイカラさんを気取る。150円のレモンケーキが、時空を超えたいろんな想いを爆発させる爆弾になる。

二〇一五年、丸善が十年ぶりに京都に再出店した。開店の日には大勢の人が檸檬を置いた。京都は変わらないようで変わっている。変わっているようで変わらない。

水のおねだん

一キロ260億円

京都のお豆腐

能も狂言も京都が発祥だが、狂言の家で今も京都に本拠を置くのは茂山千五郎《しげやませんごろう》家である。茂山家は、伝統を守りながら「スーパー狂言」に代表される新しい試みを大成功させている。伝統と進取という、まさに京都ならではの取り組みだが、私もチャップリンの専門家として、日本の喜劇について教えを請うべく、茂山逸平さんとは折々のイベントで、ご一緒し、先頃は逸平さん出演の舞台脚本を書かせて頂いた。

さて、茂山千五郎家は、「お豆腐狂言」たることが家訓であるという。もともと大衆の娯楽だった能は、足利義満以降、武家社会に取り入れられて、「武家のたしなみ」となった。しかし、エンターテインメント性を重視する茂山家は、呼ばれたらどこにでも気軽に行くというモットーで活動していた。そんな茂山家に、「お豆腐のようなやつだ」と陰口を叩いた人もいたそうだ（京都ではおかずに困ったとき、「お豆腐にでもしとこか」となる）。「しかし二世千作は『お豆腐で結構。それ自体高価でも上等でもないが、味つけによって高級な味にもなれば、庶民の味にもなる。お豆腐のようにどんな所でも喜んでいただける狂言を演じればよい。より美味しいお豆腐になることに努力すればよい』と、その悪口を逆手にとりました」（公式サイトより）とのことで、この家訓通り誰からも親しまれ、かつ品格の高い芸を代々伝えておられる。

確かに、京都のお豆腐はほかの地域にはないものだと思う。私は十八歳まで大阪で育ったのだが、大学進学で京都に引っ越したときに一番驚いたのが豆腐の違いだ。近所のスーパーに豆腐と豆腐専用のたれが何種類もあって、どれも舌の上でとろけるほど美味しい。豆腐は、それだけでフルコースが成り立つほどに美味で多彩な食べ方ができ、かつ普通にスーパーで売られている。安価にして高級感のある食べ物なのだ。

話は逸れるが、「お豆腐」と書いたところ、編集者さんから、この本では丁寧の接頭語の「お」をたくさんつけるんですね、と指摘された。言われてみればそうで、「お茶室」「お菓子屋」、この後にも「お貸出」「お花代」など多く登場するし、そもそもタイトルが「おねだん」である。「お」を多用するのは御所言葉の名残らしく、名詞に「お」をつけて本体は短縮という法則もある（例＝まんじゅう→おまん　ぶぶ（茶）→おぶ　など）。大阪言葉もそうだが、上方では目下の者にも、モノ、動物などにも敬語をつかう。動物園で親が子に「きりんさん、首長《なご》う長《なご》うしたはるわ」と言っているのを聞いたことがあるが、きりんを敬いすぎな気もする。公園などでよく聞こえてくる母親のしかる声、「見てみい、蟻さんかてお豆さんを一生懸命運んではるやないか。あきお、早《は》よ片付けなさい！」――ここでは蟻も豆も尊敬されているが、人間のあきお君だけは呼び捨てである。

❖水の都・京都

お豆腐に限らず、京都の料理は美味しい。この美味しさの理由は、と問われれば、いくつもの答えが出てくるだろう。

まずは、食材そのものの良さがあげられる。独自の発展をとげた京野菜はもちろん、日本各地から最上な食材が集まってくる。たとえば、山口県の漁師曰く、もっとも良いふぐは長年の信頼関係で京都の料亭にとんでもないおねだんで買ってもらうそうだ（もっとも、近年では「一番高いものは中国の業者が購入します」とどの漁師も農家も言っているが……）。

しかし、いくら良い素材であっても、運んでいるうちに必ず古くなる。それゆえに、京都や東京・大阪がいくら良いものを仕入れたとしても、そのまま食すと産地のとれたてにはかなわない。そこで、懐石の本場の料理人の技が必要になる。夏の鱧にしても、鯖寿司にしても、遠方から運んだ食材をいかにして美味しく食べるかという京都の知恵のつまった料理だ。

あとは、味わうほうの舌の肥え方もあげられる。京都には何でお金を稼いでいるのかわからない暇な人が多く、自然と食文化が発達する。

しかし、「素材」「料理人」「食べる人」という条件ならば、ほかの大都市でも満たしているところはある。なのに、京都の味はほかの土地では出せないのはなぜか。

おそらく、その三つしか答えられない人は、自分で料理をしない人であろう。料理にとって、第一に重要なのはなんといっても水である。

私が生まれ育った大阪は「水の都」と呼ばれているが、実のところ、京都こそ水の都である。京都盆地の下には、琵琶湖の三分の二の水量を誇る地下水脈が存在している。それは、二百年前に比叡山に降った雨が長い年月をかけて地層をくぐって濾過された名水であり、いわば名水の水瓶のうえに京都は成り立っている。京都の軟水だと、他の地域の硬水に比べて、出汁をとったときに一・五倍のうまみ成分が出るそうだ。水こそ京都の味を支える第一条件なのだ（この点で、大阪の「水の都」とは意味が異なっている。大阪の水を飲もうとは思わないし、いわんや道頓堀で泳ぎたいとも思わない）。いわれてみると、お茶といい生け花といい、京文化の粋は名水を条件としている。日本酒も水が命であるし、西陣織の仕上げにも大量の水が必要だ。

林屋辰三郎の『京都』（岩波新書）は、神泉苑から始まる。神泉苑は、御池通と堀川通が交わったところの少し西にあり、御池通の名前の由来となっているとされる苑池を持つ。現在は東寺真言宗の寺院であるが、元は平安京大内裏に造営された禁苑だった。

今こそ苑池は小さくなっているが、往時は、今の二条城の地域も含む巨大な池を持っていた。かような大池を人工的に造営できるはずもなく、ここに平安京の大内裏と天皇のための庭が作られたのは、地形的に水が集まる中心地だったことを示している。京の都は水の集まるところから始まったのだ。

ちなみに、「鴨川は平安京造成時に治水された人工河川であり、鴨川が京都の東の端に追いやられる前は、北部から流れて来た賀茂川・高野川など大小河川が西へと流れて行き、堀川通のあたりに大河川をつくっていた」という説がかつて主流で、林屋もその説を採用しているが、現在では明確に否定されている（むろん、どの川も長い歴史で流路はまっすぐにされ、周辺の景観も整備された、その意味では人工河川には違いないが）。東の鴨川、西の堀川・神泉苑、さらに西の桂川という河川に挟まれて京都は形作られた。

神泉苑の、豊かな水をたたえた池と木々と岩が配された風景は、山紫水明の理想とされ、当時の公家たちは自邸に競って似たような景色を求めたので、それは日本の庭園の原点となった。

京都の地下水は、大きく四つにわかれている。鴨川以東の「東山の地下水脈」、鴨川以西の中心部の「鴨川の地下水脈」、神泉苑を含む「西山の地下水脈」、そして伏見の酒を育んだ「桃山の地下水脈」だ。このうち西山の地下水のエリアには、茶道三千家の家元が所在し、洛中で今も営む造り酒屋、佐々木酒造もある。佐々木酒造の佐々木晃社長によると、もともと軟水である地下水が、京都の地中を流れるあいだに多少のミネラル分も加えられることで、酒造りに理想的な水になるという。

✿京豆腐と水

京豆腐は口の中でとろけるようなまろやかさで名高い。戦前まで、我が国では豆腐の凝固剤として塩化マグネシウム（にがり）が広く使われていたが、戦中ににがりが飛行機の製造に必要なマグネシウム合金の原料として軍の統制品になり、代用品として硫酸カルシウム（すまし粉）が使われるようになった。タンパク質をしっかりと固めるにがりに対して、すまし粉は水分も含めて固めるので凝固力はそれほど強くはなかったが、思いの外使い勝手が良く、京都では製法の改良を重ねてまろやかな豆腐を開発した。

その「とろけそうななめらかさ」と「型くずれしないコシの強さ」という相反する特性

を持つ豆腐の原点は、嵯峨豆腐の「森嘉《もりか》」だといわれている。安政年間（一八五四～六〇年）に嵯峨野に創業したかの老舗は、すまし粉を使っていながら、コシの強い豆腐を作ることに成功した。職人の箱入れ技術によって、そのことが可能になったわけだが、口中でとろけるまろやかさの決め手は、豆腐の九割近くを占める水の質に依る。嵯峨で創業以来今も使っているという井戸水が、森嘉の味を支えている。森嘉の嵯峨豆腐は、嵯峨野にある数々の湯豆腐の名店が用いるところとなった。

森嘉の嵯峨豆腐が全国的に有名になったのは、川端康成の『古都』に描かれてからである。主人公の千重子の父、呉服問屋の佐田太吉郎は、以前は若さに任せて新奇なデザインの友禅の下絵を描いていたものだが、やがて年をとってそのデザインも「尋常になって来た」ことを「かなしんだ」。太吉郎は新しい創意を求めて、嵯峨の尼寺に籠る。

代々続いた伝統産業に生まれた名人の悩み、進取の精神で打破しようとする職人の気概──今も昔も変わらぬ京都の職人の生き方を描いた場面だが、娘の千重子はそんな父親のために、シャガールやクレーの画集と森嘉の豆腐を差し入れする。

友禅のデザインで悩んでいる人への差し入れが、「西洋現代絵画の画集」と「豆腐」というのは奇妙な取り合わせだ。国際的な先端的芸術と、森嘉の豆腐に見られる日本の名人技が、新しいデザインを生み出すヒントになるということだろうか。若くから西洋の前衛に親しみ、ジェイムズ・ジョイスの手法も試みた末に、戦中より『源氏物語』の世界に沈潜して、日本語の美しさがしずくとなって滴り落ちたというべき文章を編んだ川端らしい組み合わせでもある。
「思いきった古典調でいったろか」と太吉郎がつぶやいた昼ごろに千重子がやってきて、父娘は会話する。

「お父さん、森嘉の湯豆腐をおあがりやすか。買うて来ました」
「ああ、おおきに……。森嘉の豆腐もうれしいけど、千重子の来たのはもっとうれしい。夕方までいて、お父さんの頭をほぐしてんか。ええ図柄が浮ぶように……」

嵯峨の尼寺で、シャガールやクレーを研究し、娘の作る湯豆腐で頭をほぐす。京都は、芸術家の格闘そのものが絵になる街だ。

豆腐の製法に話を戻すと、すまし粉を使ったなめらかな豆腐のヒットで、一時は時代遅れ扱いされたにがり豆腐だが、近年再注目されているそうだ。
南禅寺の湯豆腐料亭に豆腐を納めている「服部《はっとり》」は、にがり派だ。三代目の服部一夫さんは、にがりの方が大豆本来の味が出るという。また、関東地方に多い硬水だと豆乳ににがりを混ぜたときに、固形部と水に分離しやすく、押し固めると固形部だけが残り硬い豆腐になりやすい。その点、京都の軟水だとにがりを使っても分離せずにほどよく保水したやわらかい豆腐ができる。むろん、そのためには職人の技も不可欠だ。京都の三名水の一つ、醒ケ井《さめがい》の近くで四代続いた豆腐店「馬庭《ばにわ》」には、豆乳の濃度、凝固剤を入れたあとかき混ぜる回数とタイミングに秘伝がある。

❖ 名水の危機「地下鉄問題」

というわけで、豆腐をはじめとする料理全般はもちろん、お酒、茶道、華道、西陣の着物に至るまで、京都の文化には名水が必要なわけだが、京都の水にとって最大の危機が地下鉄東西線の建設だった。

長らく京都には地下鉄がなかった。明治期に、琵琶湖からの疎水を使って一般供給用としては日本初の蹴上《けあげ》発電所が建設され、その電気を使って日本初となる市電が走っていたことに誇りを持っていたこともあるが、なんせどこを掘っても遺跡が出てくるので工事がしにくい。私の住まいの近所でも、テニスコートを造成するために少し掘り返したら中世の公家屋敷跡が出てきて、工事が止まったままになっている。

いわんや、地下鉄工事ともなれば文化財調査が延々と続くことになる。ゆえに、京都を南北に走る最初の地下鉄烏丸線の開業は、一九八一年まで待たねばならなかった。

東西線の建設がなぜ地下水にとって危機だったかというと、文字通り東西に延びて建設されるからである。京都の地下水は北から南へとゆっくりと流れている。東西線は地下水の流れを変えてしまうのだ。業界団体は交渉を重ね、代わりの井戸を掘ることで合意した。馬庭さんも補償としてより深い井戸を掘ってもらった。(実は、京都には地下水を超音波で見つけるという業者が多く、それぞれ繁盛している。知られざる京都ビジネスだ。)京都の中央を通る烏丸通よりも東に影響が多く出たので、「鴨川の地下水脈」沿いに新しい井戸が多く掘られた。

井戸だけのせいではないだろうが、結果、京都の地下鉄の建設費は一キロあたり260億円になった。我が国の公営地下鉄で建設費が最も安い大阪市の100億円と比べると二・六倍である。しかし、古都の文化財と大切な水を守るために、かような建設費になったとすれば、それは仕方ないことだ。

それにしても、地下鉄の建設に際して、「井戸水」を守るためにここまで留意した都市はほかにないだろう。唯一無二の価値を守るという意味で、正しいビジネス感覚ではあるまいか。豆腐の味を守ってくれたと思って、やたらと地下深くに建設された地下鉄東西線に乗ることにしよう。

と、この文章を書いている途中に、御所近くの美容院PESCO PESCAで髪を整えてきた。ここでは、席につくとまず一杯の水を出される。あまりに美味しいので聞くと、毎朝スタイリストが、御所脇の梨木神社にある京都三名水の染井の水（三名水のうち唯一今も涸れずに湧き出ている井戸だ）を汲んで来ているそうだ。そこのスタイリストの春名祐輝さんが錦《にしき》市場近くの美容室ラトリエールに移ったので行ってみると、そこでも水が出てきた。どこの水かと聞くと、こちらは錦市場の脇にある五百五十年の歴史を誇る蕎麦の老舗・本家尾張屋が使う井戸の水だそうだ。京都の美容室の水へのこだわりが面白い。

試しに、「「抹茶パフェ」のおねだん」で登場してもらった「茶香房　長竹」にも水へのこだわりを聞いてみた。というのも、かの店では食事前にやはり一杯の水が出てくるからだ。

お茶の専門店ゆえどんな謂《いわ》れの水を使っているのだろうと身構えたが、意外なことに「あれは浄化してますけど、水道水です」との答え。「日常の普通の水です。最初にお水を出すのは、そのお水を飲んでいただいて口に合うようでしたらうちの料理も口に合うでしょう、という意味です」とのことで、カウンターに置かれた一杯の水道水を前にしてなんだか煙に巻かれた気分になった。
水の話はどこまでも深い。

第二章　季節のおねだん

「地蔵盆の為」道路を通行止めにする、手作り感溢れる表示板。この町内では奥に見えるテントで行事が行なわれるようだ。

お地蔵さんのお貸出のおねだん　3000円から

❖季節を感じる

京都の魅力は、これだけの大都市でありながら、季節の移ろいを肌で感じられるところにある。「ああ、桜が咲いた。もう春だ」などというレベルのものではない。四季折々、いや二十四節気折々にやるべきことが多くて休んでいるヒマがないほどなのだ。

年越しを例にあげると、お正月を迎えるために、年末には錦市場に行って、お雑煮の準備をする。京都と大阪と徳島の一部は白みそだ（私は、大阪生まれで京都在住、母方が徳島という白みそ地域人である）。京都のお雑煮には、丸餅に、かしら芋、金時人参、祝い大根、すべて丸くおさまるようにとの意味をこめて、具材を丸く切って入れる。かしら芋とは、ソフトボールぐらいの大きさの里芋の親玉のような巨大なものだ。この時期の錦でしか見たことがないし、生産量も少ないので値がはる。正直言ってあまり美味しいものではない。長男が食べるべきものとされていて、「あんた、これ全部食べんとかしらになられへんで」

と親に怒られ、長男は泣きながら食べるというのがよくある正月の光景だ。ほかにも祝い鯛に、紅白のかまぼこ、丹波の黒豆に千枚漬、鴨ロースなど、新しい年を迎えるために縁起物は欠かせない。というわけで、年末の錦市場は通勤電車並みの混雑だ。

大晦日には、祇園の八坂神社で「をけら火」をいただく。火縄に移してぐるぐるまわしながら家に持ち帰って、お雑煮の種火にすると、その年は無病息災で過ごせるのだ。実は、京都に住んでから一年だけ「をけら火」をいただかなかった年があり、その年は本当に病気を患ったので、以来欠かさないようにしている。をけら火を燃やし終わった灰はお守りとして台所に一年間置いておく。

谷崎潤一郎は、京都・大阪では、「生活の定式」つまり「一つの社会において長い間に自《おのずか》ら出来上った一定のしきたり」が残っていると書いているが(「中央公論」昭和七年二〜四月号「私の見た大阪及び大阪人」)、それから八十年余り経って、大阪では消えてしまった「生活の定式」は京都にかろうじて残っているように思える。お雑煮ぐらいはどの地域でも食べるが、雑煮に限らず、京都では「四季の移り変りにつれ、食膳に上る魚類や野菜なぞも毎年そのときになれば同じようなものが繰り返される」。行楽に行く場所も同じ。そのときの晴れ着も同じ。節目節目に何をするかが決まっている。毎年同じことを繰り返して、一年間の無事に感謝し、みずからの成長をはかる。

というわけで、一年が始まってから終わるまで、とにかく行事とお祭りが多い。近所の小学校には、野球部はないのに、和太鼓部はあって、休みごとに近くのお祭りに出張しては太鼓を叩いている。小学校だけではなく、大人になってからも祭り関連の役割は多い。私の町内での役割は「会計係」とかそういう類のものではなく、ある祭りで御神輿が練り歩くときに御神輿の左後ろの角について、その角が民家の軒先にあたらないように見張る係であり、その係がまわってくると「ああ、今年も秋か」と思う。

比較的行事の少ない夏でも、七夕やお盆など全国共通のものをのぞいても、七月に祇園祭があり、宵山に立ち並ぶ山や鉾《ほこ》を訪れて前年に頂いた厄よけのちまきをお納めして、新しいちまきを頂いて玄関に飾り、八月十六日には五山の送り火を見て、燃えたあとの炭をやはり厄よけとしていただく。このように列挙すると、やたらと「厄除け」が多いことに気づく。この街が長い歴史の中でどれだけの災厄にさらされて来たかがわかる。

そして、夏休みが終わる頃に地蔵盆がある。

❖夏の終わりの風物詩、地蔵盆

八月二十四日前後の土日に行なわれる地蔵盆が京都・大阪周辺だけの風習と知ったのは大人になってからのことだった（七月二十四日の奈良の地蔵盆は、京・大阪のような地域の祭りではなく、地蔵菩薩をご本尊とするお寺にお参りする日だそうだ）。大阪生まれの私にとっては、小さい頃から当たり前にある行事で、京都に引っ越してからも八月末になればやっているので、同じく京・大阪文化であるお正月の白みその雑煮ともども全国的なものと勘違いしていた。

全国的な年中行事であるお盆との違いを一言でいうと、お盆が祖先供養を中心としたいわば大人の行事であるのに対して、地蔵盆は子供のための行事である、ということになる。要するに、道ばたにある「お地蔵さん」のお祭りで、普段から地域の子供たちを見守ってくれているお地蔵さんにお経をあげて、子供の健やかな成長を願う祭りだ。毎月二十四日の地蔵菩薩の縁日のうち、近代になって夏休みの八月二十四日が子供たちのための地蔵盆になったらしい。

私もある年に、町内会で地蔵盆の準備係にあたったことがある。地蔵盆では、子供たちが絵を描く灯籠を飾るのだが、この上なく不器用な私が、どういうわけかその灯籠を作る係になってしまったのだ。ホームセンターで木と和紙を買ってきて、仕事のあいまにせっせと灯籠を作り続けた。この時期になるとホームセンターに灯籠・花火・お菓子などの「地蔵盆セット」が３０００円ぐらいで売っているのも京都らしい。出来上がった灯籠に子供たちが思い思いの絵を描く。

地蔵盆の日は、だいたい昼頃に町内の集会所や道路を通行止めにして道ばたに設けられたテント（その時期になるとあちこちの道に、「地蔵盆のために通行止」と手書きの看板が出る。警察署も地蔵盆のためなら道路の使用許可を簡単に出してくれる）に子供たちが集まって、お坊さんによる読経にあわせて「数珠まわし」を行なう。直径三メートルぐらいの大きな数珠のまわりに、子供たちが円になって座り、隣に数珠の玉をまわしていく。途中で、大きな玉がまわってきたときに願い事をする。「数珠はまたいだらあかんで。必ずくぐってや」とお坊さんが注意する中、にぎやかに数珠をまわす子供たち。それが終わると、お坊さんから子供たちへのお話があって、お楽しみのお供えのお下がり（つまりは、お菓子やおもちゃ）をいただく時間になる。地蔵盆とは子供たちにとっては「お菓子やおもちゃをもらえる日」のことだ。京都・大阪では、神仏に手を合わせることを幼児語で「まんまんさん、あんする」と言うが、地蔵盆に限らず、節目節目で、まんまんさん、あんしたらお菓子がもらえることがあるので、自然と手を合わせる習慣がつく。

その後、たいていはご近所さんでおつきあいのある奇術師や学生の合唱団などの出し物を楽しみ、花火をして、地蔵盆は終わる。

この行事に不可欠なのは、当然のことながら、お地蔵さんである。地蔵盆のあいだ、道ばたのお地蔵さんは地域の集会所にうつされて、お地蔵さんを囲んでわいわいとお祭りをするわけだ。

さて、数年前、わがマンションができた当時、大きな問題が持ち上がった。うちのマンションは百戸以上ある、高さ制限のある京都市内にしてはかなり大規模な物件で、このマンションだけで一つの町内会を形成している。ところが、町内、すなわち新築マンション内にはお地蔵さんがいらっしゃらない（当たり前か）。そんなときに、「お地蔵さんいてはらへんし、うちは地蔵盆やめとこか」という選択肢があり得ないのが京都である。どれだけ新しいマンションでも、京都に住まいする限りは、京都人がやるべきことをやらなくてはならないのだ。（東山区全町内会の地蔵盆実施率は九〇パーセントを超えている。）

というわけで、近隣の町内会からお地蔵さんを貸していただこうとしたのだが、なんと「おたくのマンションが建ったせいで、衛星放送の映りが悪うなったから、お地蔵さん貸さへん」と断られてしまったのだ！　この新参者へのいけずの仕方――「お地蔵さんを貸さない」という行為が、相手にどれだけ大きなダメージを与えるかという事実は、京都以外の人には想像するのも難しいかもしれない。私たちは途方にくれた。これでは地蔵盆が出来ない……。

ところが、そんな悩める町内会のために、京都にはお地蔵さんのお貸出というものがあったのだ。捨てる地蔵あれば、拾う地蔵あり。

お地蔵さんのお貸出

壬生寺《みぶでら》は、七百年続く壬生狂言――台詞なしのパントマイムで仏教説話を演じる伝統の狂言で、また新選組ゆかりの寺として有名だが、ここのご本尊は地蔵菩薩である。

壬生寺の副住職・松浦俊昭さんによると、区画整理で置き場所がなくなったり、道路工事などで地中から石仏が出てきたりすると、壬生寺に電話がかかってくるとのこと。足利尊氏が熱心に阿弥陀如来を信仰していたことから、京都で地中から見つかる石仏の大半は実は阿弥陀様なのだが、区別がつかない人が多く、石仏が出れば、お地蔵さんで有名な壬生寺に連絡がくる。実際のところ、壬生寺が引き取る石仏のうち五割が阿弥陀如来、四割が地蔵菩薩、一割が大日如来とのことだ。六道をあらわす六つの輪の錫杖を持つのがお地蔵さん、膝の上で手のひらを上向けに親指と人差し指で丸を作る阿弥陀定印があれば阿弥陀如来、左の拳の上に右の拳を重ねて智拳印を作っていれば大日如来だと見分け方を教えてくれた。

現在、壬生寺にいらっしゃる石仏は三千体以上。お寺に来られたときにお精念を抜く回向をして、安置されている。その中から地蔵盆のときに貸し出しているのだ。

壬生寺に陸続と集まるお地蔵さんたち（中には阿弥陀様も……）。たまに、お貸出先で誤って油性顔料で彩色されてしまい、お化粧が落ちないまま戻ってくるものも。円内は、例年一番人気のイケメンお地蔵さん。

お地蔵さんのお貸出は、正式には地蔵の「出開帳」という。もっとも古い時期のものでは、一七八八（天明八）年一月三十日の京都大火（都焼け）のあと、お地蔵さんを失った地域にお貸出をした記録が残っている。戦後は、地蔵のいない新興住宅地から貸して欲しいと言われて広まったようだ。毎年五十程度の町内会が、3000円のお布施をおさめて、お地蔵さんをお借りする。通常、地蔵盆当日の朝にお伺いして、その夕方にお返しするのだが、うちの町内会長は、一週間ほど前に壬生寺を訪れて、一番イケメンのお地蔵さんをいち早くキープしていた。何も知らない奥さんが、帰宅したら自宅の玄関にお地蔵さんがいて腰を抜かしたとのこと。だが、古いお地蔵さんしか残っていなくても、がっかりするべきではない。というのも、地蔵盆のときには、子供たちが水彩絵の具でお地蔵さんのお顔にお化粧をする風習があるからだ。年月を刻んだお顔に、子供たちが思いを込めて描くお地蔵さんはさぞお美しかろう。

というわけで、無事に新築マンションでも地蔵盆が開催された。普段は「コンシェルジュ」さんがいるモダンなマンションのロビーにイケメン地蔵が鎮座し、私の作ったつたない灯籠に子供たちの絵が灯った。百戸以上のマンションともなれば、必ず数人はお坊さんがいるのが京都。一般企業の本社が東京や大阪であることが多いのと同じように、お寺さんの本山は京都が多い。ゆえに、地方のお寺に生まれたお坊さんのお勤め先は京都の本山が多くなり、各マンションにはサラリーマン僧侶として本山に通っておられるお坊さんが住んでいるのだ。というわけで、お坊さんとお数珠はマンション内の自給自足である。いつも普段着で挨拶していた別の階の若い男性が、地蔵盆の日にふいに袈裟《けさ》を着てロビーに現れ、お経を唱え始めたときにはさすがにびっくりした。あれは若者に流行りの短髪のヘアスタイルではなく、剃髪だったのだ。

新しい時代にあわせて変わっていくもの、変わらない心。レンタルのお地蔵さんのまわ

筆者の住むマンションの地蔵盆風景。大きな数珠をまわす子供たち。

子供たちに絵の具で化粧を施されたお地蔵さん。

りではしゃいでいる子供たちの姿を見て、信仰の本質を知るといえば大げさに過ぎるだろうか。ともあれ、初めてのマンション地蔵盆から数年経ち、隣の町内会とのわだかまりも消えて、一緒にお祭りをするようになった。

こうして、新しい人たちも京都を受け継ぎ、季節の魅力をつむぐ一員となる。そのためのお地蔵さんのお貸出３０００円より。

春のおねだんは七倍　秋は十倍

嵐山の人力車

嵐山に行くと、道ばたに人力車が止まっていて、観光客を乗せているのを見かける。渡月橋《とげつきょう》を渡り、嵯峨野の竹林を走る人力車は、嵐山の風景の一部となっているが、実のところ、これが一九九二年に京都とは縁もゆかりもなかった方が始めた新興ビジネスであることはあまり知られていない。

加藤誠一さんは福岡の漁師町に育った。祖父は町長を務め、水産関係の実業家一族に育った加藤さんの子供の頃の夢は、「サラリーマンになること」だった。仕事で夜遅くまで戻ってこない両親のもとで育った彼にとっては、お母さんが家にいて三時になればおやつが出てくるサラリーマン家庭がうらやましく思えたのだ。

というわけで、家業を継がずに高校を卒業して地元の自動車メーカーに就職したのだが、やはり実業家一族の遺伝子が組み込まれていたのか、サラリーマン生活には数年で飽き足りなくなり、独立。一念発起して、関東地方に移住し、不動産関係の仕事につく。当時はバブル時代だったこともあり、がむしゃらに働いた加藤さんは次々と大きな案件を成立させた。東京に行くたびに、「この街で一番になるぞ」と誓い、元気になった。

そんな折、幼なじみの濱澤法生さんが妙なことを言い出した。いわく、「飛騨高山で人力車を見たのだが、あれを京都でもやってみたい」。しかし、数十億を動かしている自分としては、十分間数千円の案件などビジネスとは思えなかった。

だが、しつこく誘われて、修学旅行以来久しぶりに京都を訪れ、嵐山の渡月橋に立った瞬間、加藤さんは、心の真ん中にずんと重いものを受け止めたような気持ちになった。東京で感じるエネルギーとも、故郷で感じる充実とも違う。天啓のように、京都に住んで仕事がしたいと思い立った加藤さんは、不動産業をやめて、縁もゆかりもない土地で、濱澤法生さんと一緒に観光人力車「えびす屋」を創業した。

当時、観光人力車は、地方の観光都市で個人が趣味の領域で数台程度運営していたものはあったものの、嵐山のような大観光地に人力車が走るのは例がなかった。法律上は自転車と同じ軽車両だが、自動車と同じぐらいの幅をとるので、地元民からは疎まれた。タクシーからクラクションを鳴らされ、商店からは嫌がらせを受けた。「人力車いかがですか？」と若い車夫が、女性観光客に声をかけている様子も、「ナンパしているのか？」と非難されたという。

加藤さんらは、地元民とじっくり話し合い、車夫を徹底的に教育し、車夫の衣裳も伝統のデザインを踏襲し、地域に貢献する観光人力車のあり方を模索し続けた。ようやく地元に受け入れられた後は、京都の東山をはじめ、浅草・鎌倉・大阪・小樽・宮島・門司・湯布院など全国の観光地に進出。後発業者を寄せ付けず、全国で八割のシェアをしめる観光人力車の最大手となっている。

人力車は観光地にいらしたお客様に対して最初におもてなしをする存在だと加藤さんは言う。例えば、嵐山に着いて、どの観光地に行けばいいかわからず、「とりあえず人力車に乗る」人も多いそうだ。人力車に乗れば、真っ黒に日焼けしたイケメンの車夫が、各所を巡りながら歴史やいわれを解説してくれて、旅の相談にも笑顔で応じてくれる。誤解を恐れずにいえば、人力車はただの乗り物ではなく、「移動式の知的なホストクラブ」ともいうべきもので、老若男女問わず、お年寄りからも「あのお兄さんの人力車にもう一度乗りたい」と電話がかかってくるそうだ。車夫たちは、京都に来られた「一見さん」をリピーターにしてしまう。加藤さんは言う——おもてなしとは、オモテなし、ウラもなしの誠です。そんなおもてなしのおねだんは、二人で乗って、十二〜十三分4000円だ。

✿秋の回覧板

人力車えびす屋の繁忙期は十一月末の祝日前後の頃で、この頃の一日あたりの売上げは、二月や六月の閑散期の十倍あるそうだ。ゴールデンウィークが八倍、桜の季節でも七倍程度なのだという。京都の季節におねだんをつけるとすれば、秋のおねだんが閑散期の十倍ということになるのだろうか。（もっとも、最近はインバウンドの増加に伴い、その差は縮小傾向にあるという。）

京都観光の一番のピークである十一月下旬。全国からの観光客のおめあては京都の紅葉だ。しかし、紅葉には年によって当たりハズレがある。春の桜なら、確実に花は咲くのだが、紅葉の色づきはそう簡単にはいかないのだ。夏の暑さと秋に入ってからの寒さ、すなわち季節の寒暖の差で色が決まるとのことで、秋になっても温度が高ければ、美しく色づかない。地球温暖化の影響はこんなところにも影響を及ぼしていて、ひどい年だと紅くならずにそのまま枯れてしまう木も見かける。

京都人は、紅葉を守るために様々な手を尽くしている。大学三回生で初めてお風呂のあるワンルーム・マンションを借りたとき、秋になって、「もみじの色づきには寒暖の差が大事ですので、お風呂の残り湯は必ず冷ましてから流してください」と回覧板が回って来たのにはびっくりした。残り湯を高い温度のまま流すと、下水の温度、さらには川の水温が上がり、もみじの色づきに悪影響を及ぼすらしいのだ。秋の紅葉にかける都人の執念を思い知った次第である。古都の秋に真っ赤な紅葉を見かけたら、思い出していただければ嬉しい。その陰には、ワンルーム・マンションで、紅いもみじを念じながら湯が冷めるまで待ってバスタブの栓を抜いている学生が、大勢いることを。

紅葉の季節は、平日の昼間から京都の名所は多くの人でごったがえしている。夜は夜で、ライトアップされた紅葉を目がけて多くの人が繰り出す。加えて、この時期は多くの場所で文化財特別公開も行なわれており、「三百年ぶりに公開の秘仏」とか「初公開の庭」などが毎年何十ヵ所と紹介される。いったいいくつの「初公開の秘＊＊」が京都にはあるのだろう。ちょっと秘密にしすぎではないだろうか。

紅葉の盛りの時期は、普段十分で通り抜けられる道を二時間かけてやっとたどり着く。渋滞がひどいので待ち合わせに遅れてしまうから要注意だ。友人と待ち合わせ、二人とも二時間遅れてしまったということもある。遅刻ついでに書いておくと、私自身の遅刻の原因で今までもっとも不条理を感じたものは、何の祭りか知らないが、乗っているタクシーの前を延々と馬の列が横切り、そのせいで電車に間に合わなかったというものである。

紅葉の名所にたどり着いたら着いたで、通勤電車並みの混雑の中（清水の舞台など重みで潰れてしまわないか心配なほどだが、さすがに古い建物は丈夫だ）、必死の思いで秋の色を見ることになる。

❖鞍馬口通の禅寺、閑臥庵

それだけの苦労をしても、京都の紅葉は見る価値があるともいえる。そういえば、先に紹介した「リストランテ ストラーダ」では、秋になるとヘリコプターを借り切って、渋滞を気にせず空から紅葉を見て、地上に降りてイタリア料理を楽しむという酔狂な催しを毎年やっておられるが、ここにも古都の紅葉へのこだわりが見て取れる。ただ葉っぱの変色を見たいがために、ヘリまで飛ばす街なのだ。

だが、実のところ、渋滞に巻き込まれず、空も飛ばずにプライベートに紅葉を味わう方法も、探せばある。何百年ぶりの初公開などというのでもなく、ここ最近できた「秘もみじ」だ。

閑臥庵《かんがあん》は、洛中に入るための「京の七口」の一つ、鞍馬口から伸びる鞍馬口通にある。江戸時代は人里離れた静かな場所だったこの地に、後水尾《ごみずのお》法皇が、夢枕に立った父・後陽成天皇の言葉に従って、一六七一（寛文十一）年に黄檗《おうばく》禅宗の寺を開いた。

黄檗禅宗は、中国から渡ってきた隠元《いんげん》禅師が伝えた教えで、日本で独自の発展を遂げて

閑臥庵のバーから見る紅葉。

いたそれまでの禅宗に大きな影響を与えた。お経が中国音で読まれるなど、中国色が強い。ちなみに、隠元禅師は、抹茶による茶道ではなく、煎茶を飲みながら清談を交わす煎茶道の日本における開祖でもあり、名前の通りインゲン豆を伝えた人物とも伝えられる。

黄檗禅宗の中国色は普茶料理と呼ばれる精進料理にも色濃く残っている。ごま油を使った揚げ物やあんかけなど中国風の調理法で、「もどき料理」と呼ばれる遊び心あふれる献立（たとえば、ごぼうと豆腐で鰻の蒲焼きそっくりなものを作る）は、見た目もカラフルで異国情緒たっぷりだ。閑臥庵では、予約すれば普茶料理をいただくことができる。もともとは檀家さんに作っていたものを、一般にも提供しているのだ。素晴らしい庭を見ながら、中国風に数人で取り分けるスタイルの精進料理はいかがだろう？

と、ここまでは、京都では珍しくもなんともない、お寺でいただく精進料理の紹介なのだが、閑臥庵には、このほかお寺としては極めて珍しいものがある。

秘もみじ、1000円なり

二〇〇四年のこと、閑臥庵の現在の庵主さんは、庭に面したお茶室を作りたいと思った。しかし、もみじの立派な木があって、どうしても細長いスペースしか取れない。「細長い茶室」というのはあり得ない。それならばその形状を生かして、「バー」を作ろうと思い立った。というわけで、庵主さんは寺の庭に面してバーを作り、しばらくはお仲間だけでこの景色を楽しんでいたそうだ。（なんたる贅沢！）

しかし、やはり参拝者ともこの空間を分かち合いたいということで、世にも珍しい〝禅寺バー〟が一般にも開放されることになったのは二〇〇八年のこと。それにしても、檀家さんや本山からの物言いはなかったか心配になるが、「皆さん応援してくれました」とのことで、さすが新しいもの好きの京都人である。

バーはまったくの口コミで、寺のウェッブ・サイトにすら掲載されていない。十席のカウンターのみ。目の前は全面ガラス張りで、ライトアップされた見事な庭を愛でながらグラスを傾けるという趣向だ。ある年の十一月最終週にうかがったところ、ちょうどガラス窓に大きく伸びる一本の紅葉が見頃で、紅い葉をグラスの赤ワインに映して揺らしながら贅沢なひとときを過ごした。

紅葉の名所のライトアップに、数百年ぶりに公開の秘仏……京都の秋に楽しみは多くあれど、たった一人でライトアップの紅葉を独占する「秘もみじ」もまた格別だ。そして、こんな特別な場所が「数百年ぶりの公開」などではなく、まだできて数年しか経っていないところも面白い。閑臥庵の三百四十年の歴史を背負いつつ、新しいもの好きの都人らしい禅寺バー。まだまだこの魔界都市は至る所に秘密の場所を産み出し続けているようなので、自分だけの「秘もみじ」を見つけるのも京都の秋の楽しみ方かもしれない。

というわけで、洛北の「秘もみじ」は、席料とグラスワイン一杯でわずか１０００円。

冬の寿司のおねだん

1890円

冬のすし

すしと言えば、江戸前のにぎりを思い浮かべる。マグロのトロは、さしずめにぎりの王様ともいえるだろう。マグロといえば、毎年、東京の築地市場の新年の初競りが話題になる。青森の大間に水揚げされたマグロが最高級とされており、ご祝儀もあいまって初競りの大間産には高い値段がつく。

二〇一三年までの数年間、築地のマグロの初競りは高騰を続け、最高で1億5000万円の値段をつけたと話題になったが、二〇一四年は投機的意味合いが薄れて、736万円で競り落とされた。年によって二十倍の差がつくのも困った話だが、ともあれ、この季節の風物詩といって良い。

ただ、マグロが「冬のすし」か、といわれれば、それは疑問だ。年がら年中、いつでも食べることができる。そもそも、季節によって旬の魚というものはあるだろうが、にぎりずし自体の「季節」を意識したことはない。

しかし、京都には季節ならではのすしがある。秋の脂《あぶら》ののった鯖ずしは有名だけれど、寒い冬には体を温めるすしもある、というお話。

❖鮓、鮨、寿司、すし

すしの表記には、実は「鮓」「鮨」「寿司」「すし」の四種類あるが、この違いをご存知だろうか。順番に見ていこう。

まず、すしの歴史を考えると、本家本元は「鮓」である。すしは、もともと東南アジア生まれ・大阪育ちの食べ物だ。亜熱帯気候の東南アジアで、魚などの生鮮品を米の発酵を利用して保存したのがそのはじまりである。遅くとも八世紀までには日本に伝わり、西日本を中心に広まった。魚と米を塩と酢で発酵させた保存食であり、つまり今でいう「なれずし」のようなものだ。

なれずしは、米が原形をとどめないほど発酵が進んでいるが、後により洗練された形で大阪のすし文化が発達した。押しずし、箱ずし、巻ずしなどである。

共通点はいずれもシャリのみならず、魚も酢につける点だ。それゆえに、これらは、魚ヘンに「酢」の旁《つくり》で「鮓」と表記される。たっぷり脂ののった鯖を酢でしめて、シャリと一緒にうまみを凝縮させるように押した鯖ずしは押しずしの代表格だ。

箱ずしのネタは魚だけではない。煮物、焼き物はもちろん酢の物や、蒸し物まで。それぞれのエッセンスを二寸六分の木枠の中に閉じ込める。大阪の鮓が、「二寸六分の懐石」と呼ばれるゆえんだ。

もう一つ、鮓の特徴をあげると、「魚とシャリに包丁の跡が見えるところ」である。箱に詰められた鮓は、美しく長方形に切られて食卓に上る。押しずしも包丁で切り分けて食べる。押しずしも箱ずしも数日間はおいしく食べられる。

対して、江戸前のにぎりは、なんといってもネタである魚の鮮度が命。シャリは、大阪の鮓の少し甘めの味付けとは違って、魚を美味しく食べられるように酢でうすく味付けされている。一部をのぞいて魚を酢でしめることはない。ゆえに、魚ヘンに旨い、と書いて「鮨」と表記する。

江戸前は、にぎり鮨であるから、シャリに包丁の跡はない。断面の美しさの代わりに、魚のさばきに包丁の美技がある。鮓と違って、鮨は、その場で握ってもらって食べるもので、数分後には味が落ちてしまう。

江戸前鮨は、保存食たるすしの起源から大きく離れて、保存がきかない生ものである。江戸の海の幸をそのまま味わうファーストフードとして発展したわけだ。

さて、京都では鮓とも鮨とも表記しない。大阪で発展した「二寸六分の懐石」たる鮓をベースに、公家の料理や精進料理、町衆の四季折々の風習も取り入れて、さらに洗練させた。天皇の住まいたる御所への献上物として、寿を司る「寿司」という漢字があてられた。

一九六二（昭和三十七）年頃、この表記をめぐってバトルが勃発した。全国共通のすし業者の共同組合の名称として、多数派である江戸前の「鮨」か、ルーツたる大阪の「鮓」か、都で洗練を重ねた「寿司」かで揉めに揉めたのである。

で、結局、日本語というのは便利なもので、喧嘩をしないように「すし」というひらがな表記が発明され、この組合の名称は「全国すし商生活衛生同業組合連合会」となった。

しかしながら、興味深いことに、この連合会のサイトの「全国の組合リスト」のページをのぞいてみると、バトルの痕跡がありありと見える。http://www.sushi-all-japan.or.jp/index_a4.html

大阪府の組合は、「大阪府鮓商生活衛生同業組合」であり、当然京都府は「京都府寿司生活衛生同業組合」、東京都は「東京都鮨商生活衛生同業組合」だ。福井は京都文化圏に属するからなのか「寿司」、石川・富山までいくと「鮨」。大阪の隣の兵庫が「鮨」にしているのは、明石など瀬戸内の海の幸をアッピールしているのかそれとも隣の大阪への対抗意識か。埼玉や神奈川が「鮨」表記で東京への忠誠を尽くしているのと対照的だ（とにかく関西はそれぞれ個性が強くまとまらない）。福岡などを含めて多くの県が中立の「すし」にしているのは、三都の根深い対立に巻き込まれたくないからか。

❖江戸前鮨隆盛のきっかけは戦争

大阪府の鮓組合のサイトには、「大阪が本家・本元・元祖です」と力をこめて書いている。歴史的にはまさにその通りだが、わざわざ力をこめて書かなければならないほど、世の中ですしと言えば、江戸前の「鮨」である。

「鮓 vs. 鮨」のバトルは、第二次世界大戦がきっかけとなって、勝負がついてしまう。ほとんど国策のような形で、江戸前が全国に広まり、「鮓」は追いやられていくのである。

戦後の食糧難の中、一九四七年に、国は「飲食営業緊急措置令」を施行し、飲食営業を実質的に禁止した。そこで、東京の鮨店有志の組合が一計を案じ、「鮨店は飲食業ではなく、米一合とにぎり鮨十個とを交換する『委託加工業』である」と主張して、当局に正式な営業を認めさせた。この、ほとんど裏技に近い作戦はすぐに全国に広まり、営業再開を急ぐ大阪の箱鮓店・京都の寿司店も江戸前に模様替えした。

その後、高度経済成長時代に我が国は各地方の特色を消すことをもって良しとし、冷凍技術などの発達に伴ってどの地域でも江戸前鮨が食べられるようになり、庶民の手の届く高級食品として定着した。

他方、大阪の箱鮓、京の寿司は、手間ひまかかるため、職人の減少とともに次第に姿を消していった。まさに戦争が上方の鮓／寿司文化を脇に追いやったというわけだ。

❖関東から上洛して

栃木生まれの宇治田脩盂《しゆう》さんが、縁あって上洛して、四条河原町の「ひさご寿し」のお嬢さんと結婚されたのは二十七歳のときだった。飲食業などしたこともなかった宇治田さんだったが、伝統的な京寿司の調理を修業し、都人の中に溶け込もうと懸命に努力した。

やがて、十年ほど経って、「宇治田さんは、よう頑張ってはりますなあ。おいしいお寿司どすなあ」という周囲の言葉が、実は都人一流の皮肉であり、まったく褒め言葉などではないことに気づいた頃、ひさご寿し二代目としての自覚を持ち始めたという。京都はよそ者を厳しく育て、その分、深く愛する。今や、宇治田脩盂さんは伝統的な京寿司を受け継ぐ職人として誰からも認められ、京都府寿司生活衛生同業組合の理事長を務めておられる。

宇治田さんら組合のメンバーは、京都市の中央卸売市場の中に、「京・朱雀　すし市場」をオープンし、そこでは市場で解体されたばかりの新鮮なマグロなどを使った江戸前のにぎりを中心に、安価で提供している。決して江戸前を否定するわけではなく、良質なものにこだわる。

しかし、ひさご寿しではやはり京寿司を楽しみたい。同じ上方のすしでも大阪鮓とどう違うのかと聞いてみると、何度もタレにつけた穴子がおいしい大阪の箱鮓に対して、出汁で上品に味付けした鱧を使用するなど、まずは材料が京都風になっていること。ほかの京料理にもいえることだが、盛りつけ、色合い、器にこだわること。そして、おめでたい結婚式には赤い海老などで華やかな色合いを作り、お葬式の会食の際には赤みをつかわず悼む心を食材に込める――すなわち、ハレの日、ケの日といった状況にあわせて、寿司を演出するのが京都風であると教えてくれた。

冬の寿司

前述のように、江戸前鮨は鮮度が命である。「宵越しの鮨は持たねえ」というべきか、握ってすぐに食べる江戸前鮨には、江戸っ子のキップの良さがあらわれているようにも思える。その日用意したシャリが余ってしまえば、当然捨ててしまう。

対して、商都大阪では、その日の食材を捨ててしまうようなもったいないことはしな

ひさご寿しの「蒸し寿司」。

い。隣の鰻屋からの匂いをおかずにご飯を食べる吝嗇家を描いた「始末の極意」という上方落語があるが、それは極端としても、節約を旨とする。仮にシャリが余れば、翌日は出汁で炊いてまたおいしい料理に変身させるのだ。

炊いたごはんの保存は難しい。夏はすぐに腐ってしまうし、冬は寒さでかちこちに固まってしまう。しかし、商家の知恵で、冬の寒さで固まったシャリを蒸してほぐして食すと美味であることに気づいた。出汁をとって、穴子や椎茸を入れると、蒸したときにほんのりと甘みが出る。こうして大阪で始まった冬ならではのおすしは、京都で「蒸し寿司」として発展を遂げた。

ひさご寿しでは、十二月から二月まで蒸し寿司を提供している。海老・穴子・銀杏・百合根・錦糸卵の美しい彩り。甘めの出汁を取ったほかほかのシャリは、京都でしか味わえない。

築地のマグロの初競り価格が今年は億だ万だ、というニュースが駆け巡る冬。初競りの値段と比べるものではないが、億や万に比べればささやかな1890円の蒸し寿司で京の極上の冬を味わうのはどうだろう。レンジで温めれば家で同じものをいただけるという通信販売もある。

夏の風のおねだん　1500円から

福島の原発事故以来、夏の節電が定着した。オフィスや電車の過剰冷房が適温になって、むしろ心地よい。京都では、京都文化博物館が節電期間中の「クールスポット」として無料開放されており、展示のほか、京都府所蔵の名作映画が無料で見られる。季節を楽しみ、文化に触れる……こう見ると、節電はいいことずくめだ。

巷では、電気使用料を抑えて涼を得るものとして、扇風機の売上げが増えているらしい。そんな中、今回は、電気をまったく使わない、古都の風のおねだんのお話。

うちわの歴史は古い。一説には、古墳時代の五世紀頃に中国から伝わったとされている。その頃は、「さしば」と呼ばれ、うちわの柄の部分を長くしたもので、祭祀用や高貴な人の顔の上にかざして日除けの道具として使われていた。柄の部分を短くして送風用のうちわができたのは、十世紀頃の平安時代のことだ。あおぐ部分は木や革や絹などでできていたが、現在のうちわと同じく細かく裂いた骨に紙を張ったものになったのは、室町時代のことらしい。悪運を祓って幸運を呼びこむ祭祀用の道具としても使われ、元来風をおこすだけではなく、季節を愛でることで幸せをもたらすものだった。

❖自分だけの風、2700円

近世・江戸時代には、より丈夫で機能的なうちわが登場する。現在は平安神宮のそばに店を構える「小丸屋《こまるや》住井」のルーツは、天正年間（一五七三〜九二年）にさかのぼる。京都南部の深草《ふかくさ》に移った住井家は、時の帝から、「伏見深草の真竹を使い団扇作りを差配せよ」と命を受けた。その後、寛永年間（一六二四年ごろ）に小丸屋を創業。良質な真竹の産地であり公家の保養地でもあった深草で、一本の竹の節目を中心に下部を柄として、上部を細かく割いて骨とし、骨の部分にナツメ型に紙を張った「深草うちわ」は当時京都の土産物として大流行した。

現在、うちわの最大の産地は丸亀だが、参観交代の折に立ち寄った京都で深草うちわを買い求めて気に入った丸亀藩主が、近習の者を小丸屋で修業させて地元の特産としたのがはじまりだ。一本の柄から骨が分かれる形状は、うちわのスタンダードとなり、現在作られるプラスチック製のうちわの形にまで踏襲されている。

深草うちわは明治末期に衰退し、小丸屋はその後舞台の小道具を手がけて発展した。しかし、十代目女将住井啓子さんは、ルーツである深草うちわの復元に取り組んだ。うちわは、夏だけのものではない。冬には干支の図柄、春・秋には季節の絵柄を楽しむ。また、扇部をやや縦長のナツメ型にするよう提案したのは、初代の歌仲間で瑞光寺に庵を結んでいた元政上人とのことだが、縦長の扇部ゆえそこに歌を書くのが流行した。つまり、うちわは日常に美術や文学の風を送る道具でもあった。住井啓子さんは、元政上人の研究家でもあった宗政五十緒氏の監修で深草うちわを復元した他、宗政氏と共に「新深草うちわ」を考案し、琵琶湖の葦ですいた紙に都名所図会の図案をあしらい、新しい京の土産物になっている。水質改善にも一役買っている葦ですいた紙を使うことで、環境保護への思いも込める。

京都のうちわといって思い浮かべるのは、芸舞妓の名前を書いたうちわが花街の料理屋などに飾られている光景だろう。あの「京丸うちわ」も小丸屋が作っている。芸舞妓が夏の挨拶で得意先に配るものだが、小丸屋にお願いすると手書きで個人でも作ってくれる。一本ずつ竹を割いて紙を張って、手書きで自分の名前を入れてくれて、一本２７００円。自分だけの風を起こすためのおねだんだ。

✿寿々風、3000円

一本の柄から骨の部分を割いて作る深草うちわや丸亀うちわとは別に、京都独特の「京うちわ」というのがある。その特徴は、扇の部分と柄の部分が別個の素材で、後からあわせる点にある。数十本の竹ひごを並べて扇の骨とし、そこに絵を描いた紙をはりあわせて扇とする。柄の部分は、別に杉、栂、ごま竹などで作り、組み合わせる。

数十本の竹ひごの繊細なラインが見た目にも涼しく、描かれた絵柄にあわせて、濃い色の絵には黒い杉の柄、淡い色調の絵ならば白木の栂の柄とコーディネートして組み合わせる。柄に金箔や漆塗りを施すこともある。

京都の中心部、柳馬場六角を下がったところにある創業一六八九（元禄二）年の「阿以《あい》波《ば》」は、京うちわの専門店だ。京うちわは、宮廷のために狩野派や土佐派の絵師たちが絵柄を競って描いた御所うちわをルーツとしており、目で見て楽しむ美術品でもある。先代は、絵の面を切り絵にして、竹ひごが見えるようにした透かしうちわを本格的に始めた。草花をモチーフにした切り絵の下に竹ひごがのぞき、涼しさを演出する。風をおこすのではなく、繊細な竹ひごの並びと美しい切り絵でもって、視覚的に涼を得るものだ。

京うちわの製作風景。阿以波の工房で。

阿以波は、竹ひご一つとっても、産地の減少、温暖化による竹の質の変化など様々な悪条件と闘いながら、京うちわを作り続けている。「材料を作る職人が廃業すると、それによく似た安い部材でやるか、自分のところで材料作りの工程もやるかのどちらかなんです」と饗庭《あいば》智之社長は語る。前者でやれば安くつくが、それは京うちわとは呼べなくなる。結局、柄まで自前で生産することになったそうだ。

家のうちわ職人の名前「饗庭長兵衛」を十代目として継いだ職人でもある智之社長は、興味深いことを教えてくれた。近年、職人の世界で、五十歳ぐらいで引退する人が増えているというのだ。なぜそんな現象が起きるのかというと、原料の良し悪しを見るのを父親に任せていて、父親が八十歳を超えて引退すると息子も続けられなくなる、というケースが多いらしい。「ばーんと竹を切った段階で、繊維を見て、良し悪しがわかる、そういう現場の目を持ってへんと職人は続かへんのです」。その言葉を聞いて、効率化の名の下に工場を海外に移転した製造業のことを思う。「ものづくり大国」を廃業する時期も迫っているかもしれない。

お世話になった方に贈りたくて、扇の図柄と、柄の木材を選んで、うちわを作ってもらった。「熨斗《のし》にはなんと書きましょうか?」と問われて考えあぐねていると、「うちでは普段この言葉をお勧めしています」と素敵な言葉を教えてくれた。

「『寿々風』と書いて『すずかぜ』と読みます」

一番お手頃な価格のものは、片透かしで片方は草花の切り絵のものを選んで、3000円。これが京のすずかぜのおねだん。部材がなくなれば自前で作る阿以波のこだわりを思うと価値がある。

❖ 京都とは、扇子が作れるところ

うちわのようなものは世界中に存在するが、薄い木や紙を折り畳んだ扇子の発祥は日本である。複数の木簡を綴ったものを起源とする檜扇が奈良時代に使われ始めたときは、あおいで風を送るものではなく儀式次第などの覚え書きを書くものだった。平安時代中期には骨に紙を貼って折り畳む現在の扇子の原型となるものが誕生。彩色や絵も施すようになり、和歌を書いて贈り合ったりする、公家の必需品となった。

その後、武家にも広まり、元服を初めとする行事はもちろん、能や茶会などに欠かせないアイテムとなる。鎌倉時代には中国への輸出品となり、ヨーロッパに伝わって当地で布を貼った「ファン」となった。オスカー・ワイルドの風習喜劇『ウィンダミア夫人の扇』でもわかる通り、当地でも上流階級の身だしなみになったのは興味深い。それが日本に逆輸入され、今度はそれを日本的にアレンジした絹扇として輸出した——そんな国際交流の中で、扇子は発展を遂げてきた。

公家や武家のものだった扇子を、庶民も使い始めたのはいつ頃のことだろう。創業一七一八（享保三）年の京扇子の老舗・山岡白竹堂の十代目の主人である山岡憲之さんによると、現在も京都に店を構える京扇子の老舗はだいたい一七〇〇年代初頭にかたまって創業している。この頃、町人による扇子文化が栄え始めたのではないかと山岡さんは推測する。

山岡白竹堂は、もともとは東本願寺の門前で旅籠と扇子屋を兼ねていた。お寺で使う扇子を納め、お東《ひがし》さんへの参拝客にも扇子を商っていたようだ。その後、旅籠をやめて扇子屋に専念して現在にいたる。

　学生時代にロック音楽にはまっていた山岡憲之さんには、家業を継ぐ気持ちなどなく、先代も「これから扇子は廃れていく」と無理に息子に跡を継がせようとはしなかった。ところが、ちょうど繁忙期に先代が体調を崩してしまい、二十歳の憲之さんは革ジャンに身を包んだまま家業を手伝うことになってしまった。

　そのとき、あらためて扇子と向き合って、その奥深さを思い知ることになる。

　まず扇骨となる竹は、三年から五年の、若くて丸みの少ない太い竹でなくてはならず、また、目が粗くてはいけないので水辺で育った竹は向かない。古くは嵯峨野の竹、あるいは滋賀の安曇川、今は島根県などで扇骨用の竹がとれるという。

　扇子の紙は、芯紙と絵を描く皮紙の二種が必要だが、竹の骨のオモテとウラに二種類ずつ合計四枚の紙を貼っているのではない。一枚の芯紙のオモテとウラに二枚の皮紙を貼り合わせる。そうして出来た三枚重ねの紙を真ん中で開いて、片側一・五枚ずつに分ける。その間に、水糊を含ませた竹の骨を差し込んで、浸透力で接着させてできあがる。

　なぜこのようなことをわざわざするのかというと、折り畳んだときのスマートな形にこだわるからだ。ただ紙や布を貼り合わせただけの西洋の扇は、折り畳んでもかなりかさばる。糊の量も少なくし、紙の厚さを限界まで薄くするための細やかな技が、日本の扇子には必要だ。

扇骨を作る骨屋、紙屋、絵を描く上絵師、紙を折って骨の道を作る折り屋、そして骨と紙をあわせる付け屋——扇子一つを作るには八十八もの工程が存在すると言われ、その工程一つ一つに専門の職人が伝統の技をもちよって作り上げる。

これだけ細分化された職人がいるのは京都しかなく、京都以外の場所では、通常一つの職場ですべての工程をするとのこと。業界では数年前より京都で作った扇子に「京扇子」のブランドマークを付して販売し始めた。ただ、わざわざそんなマークをつけなくても、日本の扇子は八割が京都産だ。

山岡さんは言い切る。「日本中に、古い街並や、あるいは小京都と呼ばれるところはたくさんあります。でも、京都とそれ以外の街との違いは、扇子が作れるかどうかです」。京都とは扇子が作れる街のこと——職人の誇りに満ちた定義ではないか。

京都でしか作れない扇子だからこそ、元ロック少年の山岡さんが新しい世代に使ってもらいたいと作ったという、アニメの図柄とのコラボレーションや忌野清志郎さんが描いた絵（音楽をやっていなければ絵描きになりたかったほどの画才でもある）をあしらった扇子が、若い世代に人気だ。伝統工芸とロックの組み合わせは奇異に感じるかもしれないが、グループサウンズからフォーク、ロックに至るまで、京都の若者は常に新しい音楽を産み出してきた。京都大学の西部講堂は世界の先鋭的なロック・ミュージシャンたちを惹きつけ、フランク・ザッパ、XTC、ポリスなどがそこで濃密な演奏を行なってきた。（一九七〇年代に、ザッパのライヴの宣伝のために、運営者たちが大文字山に大型の懐中電灯をたくさん運んで、「大」の代わりに「Z」を点灯させた伝説的事件のことを言い始めると、「京都のロック」という別の本ができてしまう。）というわけで、扇子とロックは、どちらも京都の大切な地場産業のコンビネーションなのだ。清志郎の扇子は1500円。ロックな街・京都の夏の風のおねだんだ。

✿日本を取り戻す

忌野清志郎さんのバンドRCサクセションが反原発を歌ったアルバム『カバーズ』が、レコード会社の親会社の圧力によって発売中止騒ぎになったのは一九八八年のことだったか。清志郎画伯の扇子であおぎながら、節電とは、何かを我慢することではなく、美しい国・日本の季節を感じることであることに気付く。

「美しい国」と書いて思い出したが、「日本を取り戻す」というフレーズがあった。素晴らしいキャッチフレーズで、全面的に賛同したい。もちろん、十年ほど前の、たくさんの原発を動かして、真夏に上着が必要なほど部屋を冷やし冬にはTシャツで過ごせるほど温めて、季節の区別なく同じ食材が食卓に並ぶ「便利な」日本など取り戻したくないし、いわんや敵に体当たりすることを美徳とする戦前の日本などまっぴらだ。

節電の夏、空調を少し弱めて、京扇子やうちわで涼を得る。季節の絵柄、選び抜かれた素材、手作りの伝統。人の心と美しい自然がおこしてくれる季節の風。ありがたいことに、京都では、お仕着せの「日本」を取り戻す必要もなく、自然な日本、日本の自然を感じるなにかが、かろうじて残っている。

✿ 季節のおねだん

「日本には四季それぞれの美しさがあります」という紋切り型の表現をよく聞く（そもそも世界中に四季は存在する）が、私たちは本当に季節を感じているだろうか。紅葉の京都には閑散期の十倍の人が訪れると教えてくれた人力車のえびす屋さんに、東京や大阪ではいつが繁忙期ですか、と尋ねた。「やっぱり夏休みですかね」との答え。むろん、夏という季節を求めて東京や大阪を訪れるわけではなく、巨大都市の別の魅力を味わうためだ。

京都では、山河の景色の移ろいはもちろん、お正月から顔見世のまねきがあがる十二月までおびただしい祭りや行事を通して季節を感じる。神社仏閣に限らず、七月になれば阪急電車の地下駅ですらコンチキチンと祇園囃子《ばやし》が鳴る。お盆になれば、マンションでは大文字の見える屋上を住人以外にも開放する。お地蔵さんをめぐって、町内が揉めたり結びつきを深めたりする。企業も新しい住人も、季節と伝統を楽しもうとする。

移ろう季節がとくに美しい嵐山に住むえびす屋の加藤さんに、京都で一番好きな季節を聞いたところ、冬、とりわけ閑散期の二月、と即答された。春や秋と違って美しい景色を独り占めできるのもあるが、「冬の京都の凛とした佇まいはほかの街にはない」からだそうだ。

京都の季節には、おねだんはつけられない。

第三章　絶滅危惧種のおねだん

京都大学の入学試験合格発表日に突如設営された「赤門」。〝東大化する京都大学〟批判？

「旦那」を生む（？）土地のおねだん

公示価格の三〜四倍

旦那の生態

十二月になれば南座の顔見世歌舞伎を見に行く。「季節のおねだん」の章にも書いた通り、京の年中行事であるこれを見に行かないことには年を越せない人も多い。特等席になると2万7000円と高額だが、東西の名優が歌舞伎発祥の地に集まるということで、毎年チケットがとりにくい。発売初日には、朝から夕方まで電話を掛け続けることになる。

今は、二十年住まいしたことで、私も小なりとも京都人見習いぐらいにはなってきたので（ホンマか）、確実にチケットを入手する道も拓けた。しかし、それぐらいで京都人を名乗ってはいけない。

学生時代に、私は南座の前で驚愕すべき光景にであった。

その日、やっとの思いで顔見世のチケットをとり、まねき看板の前でほっと一息ついていた。すると、着物の旦那さんが歩いて来て、じっとまねきを見上げている。そこに、ま

京都の 12 月の風物詩、南座のまねき。

たお着物の女将さんが来られて、

「あら、＊＊さん、今年はいつ見はりますのん」

　と尋ねた。学生だった私は、その時点でプチ感動していた。なるほど、京都人にとって、顔見世を見るか見ないかの選択肢はなく、見るのがデフォルトなのだ。ゆえに、「見はりますのん？」ではなく「今年はいつ見はりますのん？」が正しいのである。

　しかし、それに対する旦那の答えは、学生の思考の遥か上を行っていた。

「十五日に見ますわ。今年は出し物なんやろ、誰が出るんやろと思て看板を見に来ましたんや」

　つまりこの方は、何が演じられるか知らずに高い高いチケットだけは持っている、出し物なんぞネットで調べればいいのにわざわざ南座の前に来てまねきを見上げている、しかも「看板をみる」という用事のためにいい着物を着てはる——何もかもがわれわれとはレベルが違うのである。私はそのとき、ホンモノの旦那を見たのだった。

顔見世の南座の一階席は、東京の歌舞伎座や大阪の松竹座とは少し雰囲気が違う。芸舞妓が興行を見学する「花街総見」の日は、両桟敷に芸舞妓が勢ぞろいし、客席も華やかな雰囲気になる。それ以外の日でも、京都では男女とも和装の観客が多い。「男女とも」と書いたが、一般に観劇人口は圧倒的に女性が多いが、南座ではほかの劇場より男性の割合が多いと思う。東京の歌舞伎座は朝十一時開演だが、朝十時三十分から始まる顔見世興行に和装の男性がおおぜい来ているのは京都ならではの光景だ。

彼らは今や東京にも大阪にもいない、リアルな旦那だ。あの方々は普段何をなさっているのかまったく見当もつかないが、とにかく全身から、人生への余裕がにじみ出ている。近年はFacebookなるものがあり、そうした旦那とも「友達」になれるので、彼らの投稿を観察しているが、やはり芸妓・舞妓を連れて着物であっちにいったりこっちにいったりしているだけで、生態がよくわからない。おそらく同じ生業の人のことを、東京や大阪では「オーナー企業社長」などと呼ぶが、その人たちの投稿を見ると昼間はスーツで働いておられる。なぜ、着物であっちにいきこっちにいっている種族が京都では多数生きながらえているのか。

◆京都の土地が旦那を産み出す?

これについて、不動産業エム,ズエステートの岡本将人社長が興味深い話を教えてくれた。彼自身、和装こそしていないが、応援しているテーラーでスーツを作り、贔屓《ひいき》の画家の絵を自治体に寄付し、さらには地元右京区の地場産業である映画作りにも寄付なさっている、まさに旦那さんである。

岡本さんによると、京都の中心部「田の字地区」(東西を堀川・河原町、南北を丸太町・四条で挟まれた田の形をしている)の公示地価と実勢地価(時価)には、大きな開きがあるという。ほかの都市でも、公示地価より二割増程度で取引されることは多いのだが、京都の田の字地区では、時価が公示地価の三〜四倍になることも珍しくないという。

その土地のうえに、建物が建つと、不動産全体の価値はさらに高くなる。例えば、マンションの価格と年収の比率は、一位の東京が九・七九倍、二位の京都が九・七八倍と突出している(二〇一三年　東京カンテイ発表)。東京が高いのは土地が高いからだが、京都の平均実勢地価は公示地価の三〜四倍といっても、東京の五分の一だ。後述の通り、大規模マンションが建てにくく、需要の集中に対して供給戸数の限られる京都中心部のマンションに、いかに大きな価値をみているかがわかるだろう。

つまり、京都では公示地価に比べて実勢の地価が高く、その実勢の地価と上の建物をあわせた不動産全体の資産価値はさらに跳ね上がるのだ。二〇一五年に鴨川のほとりで最高価格7億5000万円のマンションが売りに出されて話題になったが、西日本で一番高い価格とのことだ。

公示地価と実勢地価とが、ここまで差が開く理由はいくつかある。世界的な観光地である京都に不動産を持ちたい個人・会社は多いのに、古くからの店や家が多く、なかなか売りに出ない。さらに、大通りに面したところだけでなく、路地裏の築数十年の町家の方が、京都らしい風情があるということで人気が出たりする。お役所は風情を算定しないので、そういった場所の公示地価は時価に比べて低くなるというわけだ。

固定資産税は公示地価を基準にして算定される固定資産税評価額で決まるので、公示地価と実勢地価との差があると、保有している資産の価値に比べて、支払う税金が安くなる。すなわち、比較的安い税金で高い価値を持つ不動産を保有できる――ということは、田の字地区内部に代々の土地を持っていて、うまく活用できると、あまり経費を使わずに旦那でいられるというわけだ。

付け加えると、先ほど「お役所は風情を算定しない」と書いたが、では風情も勘定に入れて実勢地価を決めるのは誰か。それは、その土地の価値がわかる人、ということになる。とりわけ、土地取引で大事なのは、その土地の価値を算定してお金を貸す銀行であるが、東京・大阪に本店を持つ都市銀行なら「こんな路地裏に価値はないので、お金は貸せない」ということになってしまう。しかし、地元の銀行・信用金庫ならその価値がわかるので、取引が成立する。というわけで、京都は地元の地方銀行・信用金庫が、京都市内の貸出残高・預金高のうちシェア七五パーセントを誇る。つまり、経済的にも「一見さんお断り」状態で、モノの価値がわかる地元の人どうしでお金がぐるぐるまわっているわけだ。

❖旦那であり続ける

京都は中心部の固定資産税が比較的安いこと、地元の土地の価値の目利きがいて経済を回していることはわかった。それにしても、なぜ京都の旦那は「代々旦那であり続ける」のか。

その理由の一つとして、京都の厳しい高さ制限があるという。以前から高さ制限はあったのだが、二〇〇七年施行の京都市の景観条例により、田の字地区の幹線通り沿いは高さ制限三十一メートル、地区内は十五メートルへと、さらに厳しくなった。つまり、もし建て替えるとしても、高層ビルは建てられず、場合によっては今よりも低い建物になるということだ。

このことは、京都中心部における各地域の価値を担保している。東京や大阪だと、どーんと大きなビルができればそこが人気スポットになり、それまで人気だった街が寂れる。しかし、その人気も長くは続かず、また別のところに大きなビルができてそこが最新スポットになり、そこの地価が上がり、前の場所は下がる。こうして短いスパンで、街の流行り廃りがあって、地価が上がったり下がったりするのだが、新しく高いビルが建てられない京都では、急に特定の地区の人気が出て土地の値段が変動するということはない。田の字地区は田の字地区で、祇園は祇園であり続ける。

つまり、そういった地区に代々店を構えて来た老舗の旦那は、時流に翻弄されることなく旦那であることをキープできる。このように文化、地元経済界、地元自治体の政策が三位一体となって、二十一世紀になっても〈旦那〉が再生産され続けている——その一因が京都の土地のおねだんなのだ。

というわけで、「旦那」を生む（一因の）土地のおねだん＝公示価格の三〜四倍。京都人にしかわからないおねだんが、京都にしかない価値を生む。

【補足〈京都〉の範囲について】

京都市中心部の範囲を示す「田の字地区」という言葉を書いて、はたと気づいた――「京都のおねだん」と名乗る割に、肝心な京都の範囲を定義することを忘れていた。今更ながら補足したい。

1、京都府……北部は天橋立など日本海に面した名勝のある旧国名でいう丹後や丹波の一部にあたる地域を含んでおり、本書で扱う範囲からは大きく外れる。京都府の南北の交通の便はあまり良いとは言えない。ちなみに、「京・都・府」という三つの漢字はすべて「都」を意味するので、実は「京京京」や「都都都」というひつこい都道府県名である。（「大阪都構想」というのがあるが、大阪府が大阪都に名前を変えても漢字的には意味が同じであるというのは、なにやら示唆的でもある。）

2、京都市……京都府の人口の六割を占めることもあり、北部や南部（宇治市など）、西部（長岡京市など）の方々には失礼な話だが、住人は京都市こそが京都だと思っている。しかし、市内の飲み屋で「京丹後の間人《たいざ》で今朝とれましたー」と、美味しいお造りが出てきたときは、市民は京都府北部に海があってよかったと想いを馳せる。

3、京都（ガイドブックでいうところの）……東山・北山・西山に囲まれた範囲。（上京区・中京区・下京区・東山区・左京区と右京区の北山より南。）南端は東寺のあたり。飛び地的に伏見稲荷も含まれる。観光ガイドブックで京都と呼ばれる範囲であり、本書の範囲はほぼこれに重なる。この範囲内に引っ越してくると、在住数年で一千年の都の中華思想だけは手軽に身につき、東京・大阪を含めてほかの地方を田舎呼ばわりする病にかかる。ちなみに、「住めば都」という言葉があるが、京都への移住を進める京都市のサイトの名前は「住むなら京都《みやこ》」という。

4、洛中……京都に来ることを「上洛する」というように、都人のプライドがこもった言葉。もともとは平安時代に平安京を中国の都・洛陽にたとえたことを起源としている。「洛中」の範囲は、「豊臣秀吉が築いた御土居《おどい》の内部」と定義がきっちりと決まっている。それゆえ、「京都」のようにあいまいに使うことは許されない。老舗が「うちは洛中で〜」と言うとき、言外に洛中に含まれない京都市内の同業他社への牽制が込められていることが多い。ちなみに、私は大学に入学してからずっと京大近辺の左京区に住まいしており、一度寺町御池のマンションに引っ越しを検討したこともあったが、やっぱり鴨川と東山のあいだの範囲で引っ越してしまった。御土居に対して、無意識的に敷居の高さを感じているのだと思う。嵯峨野で生まれ育ち宇治在住の井上章一さんの『京都ぎらい』（朝日新聞出版）で、洛外人による洛中への愛憎がユーモラスに書かれていたが、例えば太秦《うずまさ》の撮影所の人は四条河原町近辺に出ることを「町に行く」という。

ところで先日のこと、洛中の老舗の旦那に私は左京区在住ですと言うと、「なんでそんな所に住んでるんですか！」と驚かれてしまった。鴨川と大文字山に挟まれたええ場所ですよと言ったのだが、「いや、大野さん、御土居の内側に住んだら、窓を開けると東に鴨川とその向こうに東山が見える――それが京都の風景です。大野さんの住んではる所やったら、鴨川を見るために左向いて、東山を見るために右向いて、えらい忙しいでしょ。今度引っ越す時はこっちに来て下さい」とオススメされた。先輩のアドバイスなので、次の引っ越しの時には検討するが、そんなにいつもいつも川や山ばかり見ているわけでもないので、左京区でええかなあと思っている。

5、田の字地区……範囲は本節参照。まさに京の中心。私のような若輩者はこの地区の特徴についてどのように形容していいかわからない（つまり、どんな言葉が褒め言葉なのかもわからん）ので、コメントを差し控える。老舗の料亭、西陣の織元、何代も続く旧家に混じって、新築のマンションで快適な都人ライフを送っておられる方も多い。

以上、はたから見ると細かい差異に思えるのだが、内部にいる人にとっては、上記五つのカテゴリーにはそれぞれ大きな差異がある。参考までに記しておく。

跡継ぎのおねだん　1000円

十四代目のベンチャー企業

京阪電車の伏見稲荷駅前の駿河屋さんで「でっち羊羹」を買って、ある女優さんに手土産として持参した。「甘すぎずあれほど上品な味の羊羹は食べたことがない」といたく感激され、そのことを店のご主人に伝えたのだが、「いえいえ、うちはまだ駆け出しやさかい、恐縮です」と謙遜なさる。駆け出しであの味をよく出せるなあと感心し、よくよく聞いてみると、ご主人は三代目で店は創業八十五年とのこと。いわく、「本家は五百年ですから」。

先日ある会合で華道の池坊の次期家元の四代目池坊専好さんと前章に登場の山岡白竹堂の山岡憲之さんが名刺交換しているところを友人が目撃し、二〇一七年に五百五十五周年を迎える池坊さんに「うちはまだ三百年ですが」とごあいさつしていたと聞いて爆笑した。京都に住んでいると、「何代目」とか「創業何年」などの時間感覚が次第に麻痺してくる。

私の知り合いでも、ご商売で代数を重ねている方は多い。ふと、私の友人の中で、京都で商売してはる社長さんたちは平均して何代目なのだろうかと思い、私のFacebookの友人についてカウントしてみると、平均五・一代目だった。もちろん初代の人も多いので、この数字からいかに老舗が多いかがわかる（なんともいい加減な調査ですが）。

創業四百年の歴史を誇る手ぬぐいの永楽屋を営む細辻伊兵衛さんは十四代目だ。織田信長の御用商人として細辻姓と永楽屋の屋号を与えられた。それまで衣服の素材といえば絹と麻しかなかったのだが、ようやく木綿の栽培が本格化した頃、初代は綿布商に転換し大成功をおさめる。大石内蔵助とも親しく交流し狩野山雪の「雪汀水禽図屏風」（重要文化財）を当時所有するほどの豪商となった。

明治維新で京都が衰退したときに危機を迎えるが、産業革命による機械導入でピンチを乗り越えて、綿布の大量生産が可能となったことで逆に永楽屋は隆盛を極めた。昭和初期には手ぬぐいブームが起こり、京都土産として人気を誇ったそうだ。第二次大戦までは綿布製品の価格決定力があるほどの規模を誇っていた。

戦後は、生活習慣の変化にあわせて主力をタオル製造へと転換した。老舗であることが売り物にならなかった時代ゆえ、新しさを演出するために「エイラクヤ」と社名をカタカナ表記にした。ところが、昭和末期になると、欧米の有名ブランドのライセンスを持つ大手に押されて、タオルの売り上げは悪化の一途をたどった。

実は、十四代目は細辻家へのいわゆる婿養子だ。アパレル業界で才覚を認められ、独立して輸入セレクトショップを成功させていた十四代目が、たまたま恋愛結婚した相手が細辻家の娘さんだったのだ。結婚して永楽屋に入社すると、安定した老舗かと思いきや、タオル卸売が不調で債務超過を繰り返す危機的な財務内容であることを知って驚いた。そのときは永楽屋を継ぐのは遠い将来と思っていたが、結婚してすぐに十二代目夫妻が相次いで他界。十二代目の弟が十三代目を継いだが、業績は回復せず危険な状態となった。当代は本家として十四代目を継承し、不動産を売って債務を返して一から業務を見直すことにした。

輸入アパレルを商っていた十四代目が目をつけたのは、永楽屋の「伝統」だった。永楽屋の凋落の原因は、欧米の有名ブランドのライセンスを持たなかったことだ。だとすれば、「京都の老舗」であることを前面に押し出してブランディングすれば良い。まずは過去に学ぶべく、会社に残された手ぬぐいのデザインを一枚ずつ見直した。昭和初期の最盛期には、社内の手ぬぐい事業部「百いろ会」で年間百種類ものデザインが発表されていた。歌舞伎役者などが描かれた江戸の男性的で粋な意匠に対して、京の手ぬぐいは、舞妓が白粉・着物のまま徒競走をする「よーいどん」というデザインなど、女性的でユーモラスな図案に特徴がある。そんなゆるい感じが現代の感覚に合っていると当代は直感した。そこで、一九三二年の図案で、桃太郎の鬼退治のメンバーのうち、犬を極端に大きく丸くデフォルメして描き、それに歌舞伎の隈取りを施したデザイン「私は昔『桃太郎』と云われてました」を、永楽屋の新しいロゴマークとした。

昭和初期の創意工夫に富んだ図柄こそ現代に受け入れられるはずだ——そのことを確かめるために、本社ビルの二階をギャラリーにして、昔の手ぬぐいを展示してみた。案の定大きな反響を得て、手応えを感じた十四代目は当時のデザインを最新の技術で復刻することにした。本来消耗品である手ぬぐいは粗い目の綿布が多かったのだが、復刻にあたっては高い密度で織った上等の綿布に替えて、染め方も型友禅の方法を採用し、線の一本ずつまで細かく染め上げるようにした。

四条や祇園に店を出したところ、かわいいデザインと高い品質で観光客や外国人の人気を呼んだ。こうして創業以来初めて「小売業」に進出するという大転換を敢行し、黒字経営へと回復した永楽屋は、二〇一五年にめでたく創業四百年を迎えた。

それにしても、「十四代続いた老舗」というよりも、実態は当代のベンチャー企業じゃないですかと問うと、「いえ、家の古文書を読んでますとね、初代も二代目も、みんな新しいことをして危機を乗り越えてきてますわ。全員ベンチャーですよ」。老舗というと、伝統を継承して極めるというイメージがあるが、型にはまった伝統ではなく、〈ベンチャー精神〉を代々受け継いだからこそ、十四代を数えているというわけだ。

✿ババ抜きのようなもの

アパレルから十四代目に転身した細辻伊兵衛さんは珍しい例だが、もともと老舗の家に生まれた方に聞くと、小さい頃から家を継ぐことを積極的に望んでいた人は思ったほど多くはない。山岡白竹堂十代目の山岡憲之さんも、「まさか自分が継ぐとは思っていなかった」と言う。

「水のおねだん」のところでも登場していただいた佐々木酒造の社長、佐々木晃さんは、当代で四代目だ。今では御土居の中で唯一となった造り酒屋である。聚楽第ゆかりの名水・銀明水で仕込んだ酒を、川端康成がこれぞ古都の味とこよなく愛した。桑原武夫のために、川端は冬の寒い夜に三十分以上も歩いて一升瓶を二本買ってきて一本はその場で桑原に飲ませ一本は持ち帰らせたとのことなので、よほどのことだ（桑原武夫「京における夕」「文藝春秋」一九七二年六月号。その割には当人はオレンジジュースを飲んでいたそうで、なんのこっちゃと思うけど）。佐々木酒造の看板銘柄「古都」のラベルの文字は、康成の書である（またもや!」)。

佐々木晃さんも、「まさか自分が継ぐとは思っていなかった」という。早いうちに、長男は継がないということになり、次男が継ぐべく大学で酒造に関連するバイオの研究をしていた。だが、次男は俳優業に打ち込むことになり、「お前がやってくれ」と兄から言われた三男の晃さんが会社勤めを辞めて継ぐことにした。

当然、お兄ちゃんが戻ってくるまでのピンチヒッターだと思っていたのだが、次男の佐々木蔵之介さんは大スター俳優になり、晃さんは四代目を続けている。

晃さんは、「家を継ぐというのは、ババ抜きのババを引くようなもんです……まあ、家の名をババってゆうたら悪いけど」とユーモラスに表現する。「別に自分がやりたいとかやりたくないとかやなくて、次の人に渡すもんなんです」。

たまに、オーナー企業の「お家騒動」の話題がニュースになる。お家騒動にもいろんなパターンがあるが、例えば、代々営んできた、歴史だけはあって潰れかけの商店があるとする。長男は斜陽の家業に見切りをつけて一般企業に就職した。仕方なく次男が仕事を辞めて家を継いで、時代遅れの商売をこつこつ続けた。ところが、伝統文化が見直され、商品は大ヒットし全国的に有名な店になった。すると、長男が戻ってきて「俺が家を継ぐ」と言いだした。店のノウハウは次男しか知らない。

洛内唯一の造り酒屋、佐々木酒造。社長の佐々木晃さん。

ここにも！　佐々木酒造の代表銘柄「古都」。ラベルの文字は川端康成の手跡。

私なら「長男はなんと身勝手な……」と思うのだが、晃さんは、「そういう場合は、長男を社長に据えて、次男は番頭さんとして長男を支えるべきです」と言い切ったので、正直なところ驚いた。次男の力で盛り返したように見えても、代々の積み重ねがあってこその次男の業績であり、家があっての次男にすぎないというのだ。「そこで、家を割って飛び出したりすると、自分を作ってくれた家への反逆です」。

私自身は、「個人」よりも「家」の方が大事だとは思えない。しかし、晃さんは、大切なのは己の業績ではなく、家であると言い切る。おそらく「家」とはお店の信用であり商品への信頼のことだろう。そして、お店、商品の先にはお客様がいる――そのように考えると、理解できる気がした。それは、物書きたる私でも同じだ。大切なのは己などではなく、作品であり、その先にいる読者だ。

家を継ぐとは思っていなかった晃さんが、ババを引いてもゲームをやめなかったのはなぜか？「やっぱり、小さい頃から、佐々木の家に生まれたということがどこかで染み付いていたのでしょう」と語る。家業には興味はなかったのだが、学校が長期休みに入ると、手伝いをすることになる。瓶詰めした清酒に王冠をかぶせていくだけの作業だ。「ぺったんぺったん王冠をかぶせるだけで、猿でもできるような仕事ですわ。子供やから最初はゲームみたいで面白いんですけど、すぐに飽きますわ。ぼーっとしてたら王冠忘れて職人さんに怒鳴られたりね」。嫌々お手伝いを繰り返しているうちに家業に目覚めた？「親父の作戦やったんですかね。実際のところ、嫌でもなかったです。三時間ぐらい手伝って、1000円ぐらいくれましたから。小学生にとって1000円は大金ですよ」。

洛中に残った造り酒屋を継がせるためのおねだん、三時間で1000円。1000円に釣られてババを引いた晃さんは家業を大きく発展させている。そして、もし戻ってきたら兄に社長を継いで欲しいと今も思っている。

映画ビデオのおねだん

上限撤廃

❖ 百万遍は左京区のピカデリー・サーカスだ（嘘）

東大路と今出川通が交わる百万遍の交差点は、京都大学界隈の一等地である。京大界隈で一等地というと、大きな立て看板が立てられる場所のことで、いわばロンドンのネオンサインが集まるピカデリー・サーカス、ニューヨークでいえばタイムズ・スクエアにある（嘘です）。ここにサークルの新人勧誘、劇団の公演、学生運動の訴えなど、様々な看板が立てられる。私も学生劇団時代は、八畳分のベニア板の看板を立てていた。

立て看板は、百万遍南東にある石垣に立てかけて設置されるのであるが、二〇〇四年秋に大学当局がこの石垣を撤去すると言い出した。表向きは「バリアフリーのため」ということだったが、歴史上かつて誰もあの石垣を車椅子で登りたいと思った人はおらず（二十メートル横に普通に門がある）、学生の立て看板を立てさせないようにすることが目的だろうと言われていた。

石垣カフェ。2005年頃。

反発した学生が工事をさせないために石垣にカフェを作って二十四時間営業したことはちょっとした話題になったので覚えておられる方もいらっしゃるかと思う。結局、当局もいけずをするのはやめて、石垣は残った。というわけで、今も様々な団体の立て看板が立っている。学生運動の看板のゲバ文字は今やここでしか見られない。二〇〇三年に講演のために早稲田大学を訪れたとき、学生運動の看板が普通のフォントで書かれていたのを見て衝撃を受けた。筆跡で人物が特定されないようにガリ版のマス目を使って書いたことに起源を持つこの書体はまさに絶滅危惧書体であり、顔見世のまねきの勘亭流とともに京の風物として保存してもらいたいぐらいだ。

さて、京都大学に面したこの大きな交差点の界隈には、古本屋、格安コピー屋、飲み屋、定食屋、喫茶店、そしていつ訪れてもマスターと水槽の老いて巨大になった金魚しかおらず客は誰もいないバー（なんで潰れへんねん）などなど、学生に必要なものがすべて揃っている。

私が京大に入学した一九九四年当時はまだ、百万遍を上がったところに「百万石」という三階建ての雑居ビルがあった。まったくの余談だが、捜査情報によると、その二階のコピー屋でグリコ・森永事件の犯人はコピーをとっており、あんな場所にコピー屋があると知っているのは京大生だけなので、例の「キツネ目の男」は京大出身ではないかと私は思っている。そう考えると、あの人を食ったような挑戦状のノリは——いや、これ以上続けると不謹慎と言われかねないのでやめておこう。

話はそれたが、その百万石の一階に、「STATION」というビデオ・レンタル店があった。京都に巣くう（京都を救う？）絶滅危惧種のなかでも変わり種、すでに絶滅したはずのVHSレンタル店にまつわる奇妙なおねだんの話をしよう。

✤ 大森さんのこと

一九八七年にビデオ・レンタル店「STATION」が開店したとき、バイトに応募した大森乃《おさむ》さんは京大法学部一回生だった。岡山から出てきた大森さんにとって、地方にはなかったミニシアターと呼ばれるアート系作品を上映する映画館は衝撃だった。そこでヨーロッパの名品や旧作・名作映画にどっぷりつかった大森さんは、ほどなくして立派な映画オタクとなり、バイト先のSTATIONをみずからの映画趣味に染めようという野心にかられる。

幸い、個人経営だったことと、ライヴァル店と差異をつけないとやっていけないとオーナーが判断したこともあって、大森さんはSTATIONの仕入れ係として、マニアックな品揃えを完成させた。大手から出ている名作・旧作、アート系作品はもちろん、大阪は日本橋の中古ビデオ店をはしごしては珍しい作品を買い漁った。そしていつしか、「ビデオ」と看板が出ているとにかくその店に入ってしまうという習性が身に付いていた。

大森さんのお陰で、私が入学した当時には、STATIONはすでに全国的に知る人ぞ知るレンタル・ショップになっていた。大学二回生ぐらいから映画にまつわる文章をちらほら書き始めたのだが、その時知り合った東京の業界の方から、「大野君、京都にSTATIONって店があるんだけど、そこで＊＊を借りてくれないかな?」と頼まれたことも多々あった。学生時代の私は頼まれるままにビデオを借りただけで、「こんな珍しいビデオもあるの?」と東京の関係者を驚かせ、一時期はSTATIONの近くに住んでいるということが、私の信頼の源にすらなっていた。

時流に抗って

バブル期にアート系作品が多く紹介され、少しでも人と違っていたいオシャレな若者たちが群がり、ブームとなった。バブルがはじけても、そんな「豊かな」カルチャーを楽しみたいという風潮はまだ残っていた。しかし、日本は底知れぬ不況へとズルズルはまり込んでいった。一九九五年に劇団を旗揚げしたときは、公演に15万円協賛してくれていた不動産屋さんが、三年後には潰れた。当初3万円出してくれていた居酒屋さんの協賛金は、5000円になり、3000円になった。人と違っていたいという欲望よりも、不況の中で防御本能が働いたのか、みんなが見ているメジャーな映画だけが大ヒットするようになった。

そんな中、STATIONのような酔狂な店が続くはずもなく、一九九九年に閉店した。左京区の文化レベルが一気に落ちたように感じたものだった。

しかし、STATION閉店直後から、あの国宝級のビデオ・コレクションは、ある男のアパートに避難しており無事であるという噂が流れていた。どうやら、その男は新たなビデオ店を開くらしいという話も聞こえてきたが、そんなものは希望的観測に過ぎないとあまり過度な期待は持たないようにしていた。

だが、驚くべきことに、二〇〇二年にその店はオープンした。元STATIONバイトの大森さんがたった一人で営む「ふや町映画タウン」だ。

大森さんは、十一年半かかって法学部を卒業し（通常、留年は四年間までしかできず最大八年しか学部に通えないはずだが、彼の説明によると「京大法学部の月単位の休学システムなどを駆使してここまでずるずると大学にいた」とのこと。しかし、私は同じ大学を卒業したものだが、この説明は何度聞いてもよくわからない)、バイトをしては映画を見まくっていた。古巣の経営者が店を閉めると聞いたとき、ビデオ・コレクションを譲り受けて大切に保管していたのだった。

こうして、古都の重要文化財は守られた。失われた二十年と呼ばれる不況をものともせず、メガヒット作品以外見向きもしない時流には目もくれず、ただ良質な映画を見ていたいという一人の男の欲望によって。

❖ というわけで、上限撤廃。

この店の料金体系は本当に変わっている。ある年は、登録料１０００円で、レンタル料金は一日50円。ここまでならわかりやすいのだが、義務として一週間以上レンタルすると、一度に二本以上借りることを課せられており、一度に三本以上借りることを目標にせよと、映画オタク育成学校の校則のようになっていた。

その前の年は、「月謝５０００円＋一本２００円」というもはやレンタル店ではない料金体系を持っていたし、その前は「自由料金」、すなわちいくらでも安い値段を払ってくださいというのではなく、「上限撤廃でいくらでも高く払ってください」というものだった。

いずれにせよ、買い手に媚びへつらうのではなく、売り手が自信を持ってサービスを提供して自信を持っておねだんをつけるという点において、「ふや町映画タウン」は紛れもなく京都流商売の本流である。あれだけのマニアックな作品群が一ヵ所にあるのは、おそらく日本でここだけであり、何よりも大森さんのマニアックな知識が検索の助けとなる。月謝を払っても、上限撤廃料金でも通うべき店なのだ。

「いやあ、東京でこんな店やってたらもっと流行っていましたかね」という大森さん。しかし、あなたのような絶滅危惧種が生きていられるのは、この魔界都市以外にはあり得ないですよ。

というわけで、映画ビデオ――おねだんは上限撤廃。

静寂のおねだん　1050円

誰も話してはならぬ

まだ学生だった頃、京大映画部OBの大先輩と出町柳《でまちやなぎ》駅で待ち合わせた。出町柳駅は京阪電車の終着駅で、賀茂川と高野川の合流地点にある。京大の最寄り駅でもある。テレビ局の要職をつとめ、退職なさって子会社かなにかの取締役におさまった大先輩は、「ここでいいですか?」とパン屋柳月堂《りゅうげつどう》の二階にある「名曲喫茶　柳月堂」に連れていってくれた。「古き良き京都の大学文化ですよ」と言いながら案内された店内は、黒光りする古い戸棚などが年月を感じさせた。しばらく、手前の談話室で話した後、「ちょっと奥に行きますか?」と二人で「奥の部屋」に入った。

先輩は、「僕らの学生時代は今みたいに家にいいスピーカーがなくてね、ここで音楽を聞いていたんですよ。今なら珍しくもなんともないと思いますがね」と言ったが、珍しいも何も、そこはほかにはなかなかない喫茶店だった。

奥の部屋に入ると、舞台のようなスペースに年代物のグランドピアノがあり、その両脇に置かれた大きな骨董品級のスピーカーからは味わい深い——確かそのときはパデレフスキの古いショパンの演奏が、時折ブチッ、ブチッとレコードのノイズをたてながら流れていたと思う。棚には数千に及ぶレコードのコレクションがあり、薄暗い照明が歴史の染み付いた壁に陰影を作っていた。

それだけならば、いまはあまり見かけなくなった名曲喫茶であるが、柳月堂の最大の特徴は、「部屋の中で喋ってはいけない」というものすごいルールである。喋りたい人は、手前の小さな談話室で喋る。メインの部屋では、じっと音楽を聞くか、瞑想にふけるか、静かに本を読むしかないのだ。

✤ 静寂という実り

「音をたててはいけない」という柳月堂のルールは徹底している。

冬ならば、コートは部屋の外で脱いでおく。脱衣する音が音楽の邪魔をするからである。一階のパン屋で買ったパンを二階の喫茶で食べていいのだが、その際も包装紙などは部屋に入る前に開けておく。読書をするなら事前に鞄から本を出しておく。読書をしたい人は脇や後ろの席で、物書きは右の壁際のテーブルとランプのついた席で。真ん中のソフ

京都大学近くの名曲喫茶「柳月堂」。

アは、なにもせずに音楽を聞くだけの人のための席だ。注文もなるべく小声で、できればパントマイムでおこなうのが良い。

古風な制服に身を包んだウェイトレスの皆さんは、幻想文学のページから立ち現れたかのような文学少女のたたずまいで、音もなくコーヒーを持ってきてくれる。

この徹底したルールのおかげで、完全な静寂が得られる。そこに、古いスピーカーからクラシック音楽が柔らかく響いて、古い記憶の残像とも新しい夢の幻影ともつかぬ心の静寂を生み出してくれる。「ものごとはゴーストを残す」とは画家のフランシス・ベイコンの言葉だが、静寂と古いレコード、そして色白の文学少女——柳月堂はあたかも「ものごと」無しに「ゴースト」だけで成り立っているような空間だ。

それにしても、柳月堂にいると、「ものごと」に満ちた現代社会が逆に「ゴースト」に見えてくる。現代人は、喫茶店で打ち合わせをして、次の企画を話し合って、人と会って人脈を広げる。次の予定は何時、その次は何時——飛ぶように過ぎ去っていく時間の中、大してなにも生むことのないゴーストの営みに忙殺されることを仕事と思っているようだ。

柳月堂の静寂の中、本当に実りのある時間が少しずつ積み重なっていくのを感じながら、じっくり本を読み、考えていることを書き留める。疲れたら好きな曲をリクエストして、ここにしかない古い珍しいレコードでかつての名演に思いを馳せる。店内を見回すと、普通に読書をしている人はもちろんだが、何やら大著の執筆をしている文筆家や延々と連ねられた数式を前に思索している数学者も見かける。実のところ、私の原稿のほとんどは柳月堂のこの奥の部屋の、右の列の一番前のテーブルで生まれている。

柳月堂は一九五四年に、台湾出身で京都大学理学部を卒業した陳芳福さんが開いた。クラシック好きの陳さんの趣味のお店は、京大や同志社、(当時は近くにあった)立命館の学生に愛されたが、赤字続きで一九八一年に閉店する。だが、ファンの声に押される形で息子さんの陳壮一さんが引き継いで二年後に再オープンした。

いかにも京大周辺でしかなさそうな浮世離れした空間を、戦後間もない頃に来日した海外からの留学生が開いたと聞いて、それこそ京都らしい話だと納得する。純・京風と思われているものを外からやってきた人々が担っていることは少なくない。柳月堂の静寂の中に、多くの京都文化人たちの思念が沈殿している。喋ってはいけないというルールがなかったとしても、美しい音楽に満ちたこの空間は静寂が保たれたにちがいない。「美の真実な感銘が沈黙以外の結果を生むはずがないのは、よくご存知でしょうに」（クロード・ドビュッシー『ドビュッシー音楽論集』岩波文庫）。

柳月堂のコーヒー、一杯１０５０円――これが京都の静寂とゴーストのおねだん。

公家のおねだん	1万円
侍のおねだん	3500円

公家への迫害について

自分の家系など気にしたこともなかったのだが、祖父が道満家から大野家に養子にいったという話を聞いて、それさえなければ自分は道満さんだったのか、さてはドイツあたりのドーマンさん（適当）の子孫なのだろうかと興味を持った。少しリサーチすると、私の家は陰陽師の蘆屋道満の末裔らしいとのこと。道満といえば、安倍晴明との政争に敗れて都落ちした人物で、いわば在野の陰陽師だ。で、私は京都に戻って来た在野の陰陽師の末裔ということで、なんとなくパンクな匂いがして気に入っている。

この話を、以前にどこかに書いたところ、四国の道満さんから連絡をいただいたことがある。曰く、私とその方とは遠い親戚であり、彼は細々と占い師を続けてきたのだが高齢なので跡を継ぐか京都道満家をおこして欲しいとのことだった。占いや祈禱だけでなくクロレラかなにかの健康食品の販売もしているから収入は安定しているなどと説得されそうになったが、どうしても勇気が持てずお断りした。あのときに決断しておけば、今頃はインチキ占い師として財をなしていたかもしれない。

ともかくも、落ちぶれた公家の末裔とのことで、侍の家系ではないから言うわけでもないが、現代日本において侍に比べて公家は不当に迫害されているのではないかと常々思っている。昨今、「日本人の魂」云々というフレーズを聞くことが多いが、そこで引き合いに出されるのは必ず「サムライ」であって、「日本人の心　クゲ・スピリット」などは聞いたことがない。野球やフットボールのナショナル・チームも、「サムライ・ジャパン」とか「サムライ・ブルー」などで、「クゲ・ジャパン」とか「クゲ・パープル」、さらにいうと圧倒的多数派なのに「ヒャクショー・ブラウン」などはない。

というわけで、現代日本から抹殺されかかっている絶滅危惧種である公家のおねだん。

❖祭礼バイト

京都三大祭といえば、祇園祭・葵祭・時代祭である。約一ヵ月におよぶ祇園祭のクライマックスは、七月十七日の山鉾巡行だ。先頭の長刀鉾に乗ったお稚児さんが刀で注連縄を斬って巡行が始まるところをニュースなどで見たことがある方も多いだろう。

祇園祭が町衆の支えて来た庶民の祭りであるのに対して、五月の葵祭は朝廷と賀茂氏が

祇園祭のクライマックス、山鉾巡行。

開催してきた公家の祭りだ。祇園祭のお稚児さんもそうだが、葵祭の主役である斎王代は、お着物や和菓子などの京都の伝統産業の名家の子女がつとめられる。お稚児さんや斎王代をつとめるには数千万という費用がかかるそうだが、都の雅を今に伝えるおねだんだと思えば納得もできる。

さて、六世紀以来の歴史を持つ王朝の祭りたる葵祭を「実は大学生のアルバイトが支えている」と言えば、意外に聞こえるだろうか？

先日、本書の（最初の）編集者である本橋浩子さんと大学時代にどんなバイトをやっていたのかという話題になった（ちなみに、この本に京大ネタが多いのは、東大卒の本橋さんがわれわれを珍獣扱いし、他にネタはないかと多くリクエストしたためである）。私自身も含めて、大学生の代表的なバイトといえば家庭教師や塾講師である。あとは、やはり飲食店が多い。

もう一つ、京都の学生の代表的なバイトと言えば、「祭礼バイト」である。この話をしたときに、本橋さんにきょとんとされたのだが、京都には葵祭や時代祭だけでなく、大小さまざまな祭りがあり、たいてい馬や牛車に乗った平安貴族が登場する。毎週どこかで祭りがあり、そのたびに通行止めになる。ひどい渋滞だなあと思って、バスの窓からのぞくと、ぞろぞろとお公家さんや馬が歩いている。

時代祭の行列。祭礼の公家の行列にはバイト学生もきっと混ざっている。

実は、あのお公家さんたちの多くは、大学生のバイトである。京都の大学の「アルバイト掲示板」には、「祭礼バイト」という特別コーナーがあり、「＊月＊日　＊＊祭　平安貴族の行列　日給10，000円」などと書いている。特別な衣裳を着せてもらえて、歩くだけで、多いときは数万人からの歓声を浴び、しかもお金ももらえるということで、祭礼バイトは人気が高い。

応募者多数の場合はじゃんけんで決めるので、京大のアルバイト掲示板前では、毎日昼休みに公家の座を争って熾烈なじゃんけん大会が行なわれていた。そう思って、今度、葵祭や時代祭で行列に注目してほしい。彼らの多くは、じゃんけんを勝ち抜いた学生たちなのだ。

興味本位で祭礼バイトを体験した学生たちは、訳もわからず行列にまじって、だらだらと半日歩く。そんな「お公家さん」を目がけて数万人が集まり感嘆の声をあげる。そうして、自分も京都の千年の伝統の一部となったことを誇りに思い、かつそれが京都ブランドとして価値を生み続けていることを思い知る。

たかが行列に参加したぐらいでと思われるかもしれないが、バイトの学生たちが、王朝以来の美と京都の職人の粋の結晶とも言える、ほんものの公家装束を身にまとうことで、得ることは多いだろう。別に侍になったこともない人がサムライの魂がどうのこうのと頭でっかちに叫ぶより、よほどリアルで生産的だ。

ともあれ、殺伐とした昨今、ターゲットを見つけては威勢よく攻撃したがる人の多い中、実際の腹の内はともかく、争いは優雅にやり過ごして美の世界に沈潜する公家の生き方ももっと推奨されて良いかもしれない。

✤ 侍の命のやりとりのおねだん　３５００円

対して、侍のおねだんはおいくらだろうか。

二〇〇八年に大阪の新歌舞伎座で演出をする機会があった。それまで若い世代には縁のないところだと思っていたが、幅広い客層が一ヵ月で五万人訪れる劇場というのはほかにないものであり、〈巨大な遊び場〉としておおいに楽しんだ。なにより演出家としては、「かならずしも演劇に興味のない人にも楽しんでもらえるお芝居作り」の大切さを学んだのだった。

ところで、舞台に興味のない人も含めて、世代を超えて誰もが共感できるお芝居として、親子の情愛、大切な人とのつながりや別れなどのテーマを描く時代劇が好まれる。テレビでは消えゆく時代劇だが、いまだ商業演劇では多くの観客を集める。そして、時代劇の花と言えば、チャンバラだ。

私が新歌舞伎座で演出をした際に、「劇団とっても便利」の団員も数人出演させていただいた。ミュージカル劇団ゆえ、洋舞はできるのだが、いかんせん和物に弱い。というわけで、殺陣《たて》＝チャンバラを習いたいということになった。

団員総出で殺陣の教室を探したが、「京都では殺陣の教室はないそうです。大阪はあるのですが、殺陣とエアロビクスを融合させた〝タテロビクス〟みたいなのしかないんです。みんな、『殺陣教えてくれる教室は東京にしかないんとちゃうか？』と言っています」とのこと。そうか、役者の数も多い東京ならたくさんあるのか——。

と思っていたら、別の機会にある大劇場で演出をさせていただいたとき、プロデューサーがおっしゃった。「ここだけの話、今回は予算がなくて、殺陣師は京都の偉い先生は呼べませんでした」。えっ？　京都に殺陣のいい先生がいて、しかもそのおねだんは高くて手が出ない？　聞いていたことと違うではないか。

✤チャンバラとチャップリン

と、そこで私は自分とチャンバラとの意外な接点を思い出した。二〇〇六年に、ＮＨＫの「チャップリン　世紀を超える」という番組で私はチャップリンのＮＧフィルムを見せながら解説したのだが、同じ番組に東映剣会・福本清三さんがご出演されていた。

福本清三さんといえば、日本一の斬られ役俳優、通称「五万回斬られた男」として知られ、ハリウッド映画『ラストサムライ』にもご出演なさった方である。福本さんは、「斬り方は教えてもらえるが、斬られ方は教えてもらえない。斬られ方を研究しているときに、チャップリンの倒れ方はすごいと思った」と尊敬する俳優としてチャップリンをあげておられ、同じ番組で共演することになったのだ。

そんなご縁もあったので、思い切って、東映京都撮影所の方に問い合わせ、東映剣会の殺陣師の清家三彦先生が教えてくださることになった。二〇〇八年秋のことだった。

東映剣会とは、東映京都撮影所で、戦後の娯楽時代劇の全盛期に作られたチャンバラ俳優集団である。殺陣の技術に関しては誰もが認める日本一の集団であり、その腕前が重宝され、近年は東映以外の作品への出演も多い。私も何度かテレビ時代劇の立ち回りの撮影を見学したことがあるが、殺陣師が立ち回りの手をつけて、軽くあわせて、リハーサルをしたら、次は本番——それだけで完璧に立ち回りをこなすという、すごい技術を誇る。なにより、集団で斬り合いの演技をして怪我をしているところをほとんど見たことがない（あるいは、怪我をしても、そうと悟らせない）のはすごい。

聞くところによると、（当時）東映剣会として外部の劇団に教えてくださったのは、五十年の歴史で初めてだったとのこと。その貴重な機会に、何回か私も参加した。

殺陣＝思いやり

参加してわかったことは、殺陣とはただの「アクション」ではなく、あくまで「芝居」であるということだ。武器で闘うというアクション要素はもちろん、刀という凶器を持って命のやりとりをする迫真の芝居のリアルさ、そして同時に舞踊としての美しさを持ち合わせていなくてはならない。運動神経だけでなく、日本舞踊に通じる腰の位置、すり足などの技術がないと様にならないのだ。個人技であるのはもちろん、斬る方・斬られる方があってはじめて成り立つ集団芸術でもある。

斬る方と斬られる方が、お互い全力でぶつかり合うが、決して相手に怪我をさせてはいけない。怪我をしないために多くの約束事があるし、もちろん実際には斬っていないのだが、斬っているようにリアルに見せなくてはならない。作り事にして、同時に生きるか死ぬかの真剣勝負でなくてはいけない。そのための、間合い、呼吸、視線のやり取り——それは、まったく芝居そのものであり、台詞がないぶん、ごまかしが利かない。つまり、台詞があると、台詞を言った時点で、たとえその台詞に心がこもっていなくても、なにかしら芝居をした気分になるのだが、殺陣は本当に心と心が通じ合っていないと、怪我をする。

と、そこではたと気づいた。殺陣とは芝居にとどまらず、コミュニケーションの基本の形ではないだろうか。普段の生活でも、なにげない言葉や行動のやりとりで、人の心を傷つけてしまう。言葉のやりとりだと傷つけた方は気づかない痛みが、刀のやりとりだと本当に痛い。殺陣とは、殺し合いの演技なのだが、それはお互いの相手への思いやりで成り立っている。

私たちの劇団は、この殺陣教室を一般公開することにした。最初はチャンバラを習いたい人がそんなにいるのかと心配したが、若い男女を中心に二十名の参加者が来てくれた。

殺陣教室は継続して開催することにし、いまでは毎回五十名以上の参加者を数える。その関心の高さには驚いている。「水戸黄門」も終了し、時代劇が激減する中、逆にコミュニケーションの基本たる殺陣に興味を持つ人は増えているのだ。

この受講料、一回3500円。私たちの劇団の主催なので、若干手前味噌ではあるが、このおねだんで、心のやりとり、命のやりとりを学ぶことができる。「サムライ魂」云々と勇ましい言葉をおっしゃる方々は、心と心を通じ合わせる、そのとぎすまされた思いやりこそ侍の心だということをご存知だろうか。

殺陣教室　問合せ　info@benri-web.com

仕出しのおねだん　1万数千円

映画の鍵は「仕出し」にある

映画の話題をもう一つ。

二〇一三年の秋に、京都の太秦で、私が脚本とプロデューサーを担当する映画『太秦ライムライト』（福本清三主演）の撮影をした。プロデューサーとして映画に携わると、どうしても気になるのが仕出しのおねだんである。作品を良いものにするために、クリエーター、スタッフ、俳優が力を尽くせる環境を作らねばならない。同時に、スケジュールと予算を厳守せねば元も子もなくなる。限られた予算と時間の中で格闘する映画の撮影現場で、最終的に作品の質の鍵を握るのが「仕出し」であることが多々あるのだ。無料の仕出ししか、数千円の仕出しか、果ては1万数千円の京都の高級仕出しか？　実は、高級仕出しが一番安いというお話。

「仕出し弁当のおねだんがそこまで撮影を左右するのか」と思われたかもしれないが、実は、撮影所では役名のない出演者（たいていは台詞がない）のことを「仕出し」と呼ぶ。「仕出し」は、「エキストラ」とは似て非なるものである。その昔、日本映画全盛だった戦後一九六〇年代まで、京都の撮影所ではエキストラという言葉は一般的ではなかった。というのも、基本的に、スター俳優から端役まで、すべての出演者たちが映画会社に所属する「演技者」だったのだ。その中でも、通行人や死体など、現在ならエキストラがやるような役を含めて、「刑事十人のうちの一人」とか「腰元五人のうちの一人」など役名の無い役ならなんでもやる演技者のことを仕出しと呼んだ。いわゆる「大部屋俳優」のことだ。仕出しはエキストラと違って、あくまでプロであり、様々な人物を台詞なしに演じ分ける。仕出しをきっかけに主役俳優を目指す人もいるが、スタントマン専門の熟練俳優がいるように、仕出しを貫いて財をなす（たとえばチャンバラをすれば特別手当がもらえる）人も多い。映画『蒲田行進曲』などで、仕出し（あるいは「大部屋俳優」）といえば「食うや食わずの若者」といったイメージがあるかもしれないが、実際のところ、撮影所のベテラン仕出しは持ち家に住み車を持っている人が多い。

東映京都撮影所の演技センターでは、毎日、翌日の仕出し出演者を決めるために、俳優の名前を書いた札を演技事務の方が取って、作品名のところに掛けていく作業が行なわれる。たとえば、刑事ドラマと時代劇が撮影中だとすると、それぞれの事務担当者が、「刑事A役には＊＊さんをいただきます」などと＊＊さんの札を刑事ドラマのところに掛ける。この「札取り」は、撮影所にまだ大部屋俳優がいる東映京都だからこそできる独特のシステムだ。

この作業を見ていると、東映京都は、いまだ俳優とスタッフを——すなわち〈映画職人〉を——抱えているという意味で、同じ太秦にある松竹撮影所と並んで、世界で最後の〈撮影所〉だと思うのだ。東京はもちろんハリウッドでもローマのチネチッタでも、とっくの昔に撮影所お抱えの俳優などほとんどいなくなり、レンタル・スタジオとなっている。

❖「仕出し」は歩く

さて、撮影現場で仕出しは何をするか。ほとんどの場合、主役の背後で、歩いている。「歩いているだけだったら、素人でもいいじゃないか」というわけで、最近はボランティア・エキストラが多用される傾向にある。どこの世界でも「コスト削減」が合言葉になっており、削れるところは削りたい。しかも、映画に出演したい人は多い。両者の欲望がマッチして、ボランティア・エキストラが大流行りだ。

ところが、京都では事情が少し異なる。あらゆる物価は、東京が一番高いのだが、仕出しについては京都のほうがずいぶんと高い。一番高い仕出しだと1万数千円するらしい。ボランティアが当たり前の東京のプロデューサーが、京都で撮影するときには、「なんで京都のエキストラはこんなに高いんだ！」と必ず驚く。そのたびに京都の担当者は、「いや、こちらのほうが結局安うつきますから」と説明する。

「なぜ、歩くだけなのにこんな値段を？」と思っていた東京のプロデューサーは、撮影が始まると考えを変えることになる。その「歩くだけ」が演技の中で一番難しいのだ。先生の歩き方、医者の歩き方、ヤクザの歩き方、警察の歩き方——歩くだけでこれらを表現するのは難しいが、撮影所で揉まれた京都の仕出しは的確に演じ分ける。

時代劇になると、とりわけそのことが顕著だ。侍、浪人、町人、農民——みんな歩き方が違う。京都の仕出しを一人雇っただけで、彼は駕籠をかき、棹を差して舟を操り、馬に乗り、チャンバラをして、切腹をする。一人で数人分の働きをしてくれるわけだ。大作時代劇を別の地方で撮影中のこと、切腹シーンになって監督も俳優も所作がわからず右往左往した。そこで、スタッフが京都まで来てベテランの仕出し俳優に切腹の所作を演じてもらい、その様子をビデオに撮って撮影隊に届けたということがあった（遠方から京都に来て、「切腹してくれ」と頼む図はシュールですらある）。

あるいは、事件現場に車が十台ぐらい縦に並んで到着するシーンで、主役の刑事が三台目の車から出てくるとする。前の車に経験のないエキストラが乗っていると、「主役にかぶって見えないので、少し右に寄ってください」「左に寄ってください」と助監督が叫んでいるだけで時間が過ぎてしまう。

ところが、京都の仕出しなら、車から何十人降りても絶対に主役に重ならないような位置で演技ができる。結果、撮影が素早く進み、大幅なコスト削減になるのだ。東京のプロデューサーは、撮影終了後、東京に戻って言うだろう。「京都は安くつきますよ」。

映画界の失敗と成功に学べ

どんな産業でもそうだが、映画業界も、日本の産業界の縮図だ。かつては撮影所が、スターも仕出しもスタッフも、多くの人間を社員として雇用していた。それが一九七〇年代以降、会社の垣根を越えてフリーの人材を雇うようになる。一部のスターのギャラは高騰したが、しょせんは作品ごとの契約となり、雇用は不安定になった。映画産業は衰退し、かつて黒澤明や小津安二郎が一作ごとにこだわり抜いて作った環境は、いまやどこにもない。個々の映画作家や俳優は世界中で活躍しているが、産業全体として世界を揺るがす作品を産み出すシステムは残念なことに失われた。これは、コスト削減のために契約社員を増やして、結果技術も競争力も失ってしまった日本の製造業の悪循環を三十年早く先取りしたという意味でも興味深い。

そんな中、京都の映画界がいまも大切に抱える仕出しの存在は、長年蓄積された技術を少々高くても使い、育て続けることの大切さを教えてくれる。良いものは、高い。そして、結局安くつく。これが京都のおねだん。

映画づくり　1000円から

映画『太秦ライムライト』に少し触れておこう。

この映画は、五万回斬られた男・福本清三の初主演作だ。十五歳で撮影所に入社。五十年以上のキャリアのほとんどの作品で仕出しを貫き、卓越した殺陣の技術で主役俳優たちの信頼を得て、斬られ続けてきた。やがてその存在がマスコミで取り上げられるようになり、『ラストサムライ』への出演も果たした。『太秦ライムライト』は、そんな福本清三さんの初主演作にして、時代劇の中で普通は目立たない、「仕出し」という存在に光を当てた作品なのだ。

企画が持ち上がってから、私も脚本を書くために仕出しの世界を経験させてもらうべく、いろんな時代劇にエキストラ出演させていただいた。二〇〇八年から二〇一一年ごろの京都で撮影されたほとんどの時代劇に私は仕出しで出演していると思う。なかでも思い出深いのは、『最後の忠臣蔵』の撮影のとき、真冬の夜中の野外ロケで小雪の舞う中刀を抜いて走ったことだ。私は四十七士のうちの一人で、二日間にわたって討ち入りのシーンで走った。このときのことを思い出せば、真夏でも寒気がする。とにかく、それぐらい寒かった。帰宅して、二度とやるものかと思ったとき、ふと、この仕事を、五十年以上誇りを持ってやっておられる福本さんはじめ、太秦の仕出しの皆さんのすごさを思い知った。

『太秦ライムライト』を作りたいと思った理由として、昨今の時代劇の衰退があげられる。かつては、東映太秦映画村で春と秋のシーズンの土日に「福本清三ショー」をやっていて、大勢のファンを集めていた（映画村の入村料が２２００円だったので、本書にも「ハリウッド・スター　２２００円」と書くつもりだった）が、二〇一二年終了してしまった。民放からテレビ時代劇も消えた。時代劇の面白さ（私自身、子供の頃はワンパターンゆえ興味なかったが、三十歳を超えてからその魅力を知った）を次代に伝えたいという思いがあった。

しかし、何よりの理由は、「福本清三主演作」が見たかったことに尽きる。五十年以上にわたって日本映画を陰で支えて来られた福本さんのような存在にこそ〈ライムライト〉があたって欲しい。これは、時代劇の話には留まらない、どの世界にもいる「縁の下の力持ち」への応援歌だ。

そんな思いで動き始めたのだが、七十歳にして初主演というのは日本映画ではなかなかない。平気で「『太秦ライムライト』面白い企画ですね。じゃあ、アイドル・グループ主演でやりましょう」というテレビ局の方もいらした（老いた斬られ役の話をどうやって若手アイドルで作るのだろうか）。しかし、この作品だけは、太秦ゆかりの俳優・スタッフで作らないと意味がない。

京都にはハイテク産業やゲーム産業を中心に優良企業が集積しており、強烈な個性で財を成した経営者の中には文化事業に多額の援助をする方も多い。そんな方々にご相談すると、太秦で福本清三さん主演映画を作るのは大賛成だが、それだけに終わらせず京都をあげて京都映画を作るスキームができればというご意見だった。

京都でなにか困ったことがあれば、その小学校区の実力者に相談するのが鉄則である。実は、京都は「小学校区で出来ている街」だ。明治維新直後の一八六九年に京都の町衆たちは、自治組織「番組」ごとに六十六の「番組小学校」を作った。国家による学校制度に先駆けての、日本初の近代的学区制小学校である。学校の名前は地名のほか、中国の古典から「明倫《めいりん》」「立誠《りつせい》」などと名付けられた。何代も住んでいる京都人はみずからの小学校区に強い愛着を持っている。近年少子化で多くの小学校が統廃合され、例えば高瀬川のほとりに立つ立誠小学校は廃校となったが、今でも「立誠学区」という風に元番組小学校の名前でその地域を呼ぶ。

鉄則通りにお世話になっている立誠学区の実力者に相談したところ、京都市につないでくれた。ここはいまだ町衆の自治の街、すなわち完全なボトムアップの街だ。市民の思いを汲んで下さった門川大作京都市長と京都市産業観光局、そして京都市会の皆さんは、「京都にこだわった映画を作りたいクリエーター」と「京都映画に援助したい企業・個人」を結びつけるスキームを考えてくださった。

つまりこういうスキームだ。企業・個人は京都市に寄付をする。通常、寄付は何に使われるかわからないのだが、ここでは「京都にこだわった映画・アニメ産業に使ってください」と指定。京都市は審査の上、しかるべき映画に助成する。「しかるべき映画」とは、スタッフ・俳優の過半数を京都市民が占め、京都市で撮影され、かつすでに海外配給が予定されている作品である。

このスキームのポイントは、地方自治体への寄付は、全額損金算入なので、税控除の対象となるという点だ。ゆえに、企業・個人にとっては節税しながら好きな文化事業に援助でき、クリエーターにとっては思う存分に創造性を発揮できる資金を手にすることができ、京都市としては、映画の都・京都ブランドを世界に発信できる。まさに「三方良し」のスーパー・スキームだ。

時代劇衰退が叫ばれる中、京都の、太秦の時代劇を見たいという人々の声が届くスキームができあがり、そのおかげもあって、『太秦ライムライト』は完成した。本作は、カナダの第十八回ファンタジア国際映画祭で最優秀作品賞を、福本清三さんが史上最高齢で主演男優賞を受賞。パリのジャパン・エキスポでも大勢の観客を魅了した。世界中で「仕出し」の生き方に〈ライムライト〉があたったことは本当に嬉しい。

寄付者の中には、「時代劇のファンです」と1000円ご寄付くださった方も大勢いた。というわけで、「映画づくり」のおねだん、1000円（もちろん500円でも大歓迎）から。

このスキームでほとんど絶滅危惧種となっていた京都の時代劇は復活し、新しいアニメも作られていくだろう。ちょっと考えるとどの自治体でもできそうな話だが、そこはやはり、町衆と、町衆に支えられた経済界と自治体がある京都でしか、あり得ない話のようにも思える。いずれにせよ、「三方良し」のビジネス・スキームで京都のブランド価値がまたあがるとすれば、やはりこの街のおねだん感覚は鋭い。

京都の映画産業への寄付は、問合せ uzumasa-movie.com 「京都の映画・アニメ産業育成協会」郵便振替 00960-7-172496

京都大学の自由（？）のおねだん

およそ3万円

京都大学で学んだこと

世の中枢で世界をリードする東京大学に比べて、「自由な校風」と称される京都大学は、良くいえば天才肌で悪くいえば何の役に立つのかさっぱりわからない人材が多い。ごく少数のノーベル賞級の天才のおかげで母校の栄誉は保たれているが、その陰にはカシコ過ぎて世の中が認めなかったのか、ただのアホかわからない人がたくさんいる（実際は、ほとんど後者）。こないだ大学時代の同級生とそんな話になったが、私が在学中に「この人は天才だ」と思った人物はいま工場でバイトをしているし、友人と同じクラスの天才はいま東北地方でマタギをしている（ちなみに、女性）。本章の初めに紹介した大森さんも、まさにご自身の人生を貫くとしか言いようのない生き方をなさっている。

そもそも、現在生きているか死んでいるのか情報がない学友が多すぎる。大学院生の頃、調査研究でアフリカの部族とともに二年間生活していた先輩がいた。ある日、彼から手紙とビデオが届き、「現地部族の王様に気に入られ、王女と結婚して次の王様になることになったので、日本には戻らない。このビデオを両親に見せて説明してほしい」。私は先輩の岐阜のご実家まで伺い、説明した。ビデオには、御輿のようなものに担がれて現地の王女と結婚のダンスを踊っている先輩と、百人ぐらいの民の歓喜の様子が映っていた。それを流している間、ご両親はずっと無言だった。彼は今頃、立派な王様になったのだろうか。

今から思えば、教官も個性的な方が多かった。古くは、出かけるときは冷蔵庫で冷やした長靴しか履かない教授（数学の世界的な権威なので誰も文句は言えなかったのだが、今だと長靴を冷やすための冷蔵庫を研究費で買うことについて文科省は認めるだろうか）の話も聞いたことがあるし、校舎の上から答案を撒いて最初に地上に着いたものに満点を与える森毅先生の話も有名だ。ある先輩は、森先生の「自然科学史ゼミ」のレポートに「宝塚歌劇の歴史」を書いて、八十点もらっていた。退官後に森先生の講演会を十一月祭で主催した際、今から九十分話しますと宣言し、九十分後にキッチンタイマーが鳴った瞬間に話をやめた清々しさが忘れられない。

ほかにも、数学基礎論なのに吉田山でキノコ採集しかしない教官や、インドにいって半年休講になった美術史の先生などなど。

妙な人が多かったので凡人の私は肩身が狭かったが、それでも在学中は自由にさせていただいた。いろんな先生方から毎年五月頃に電話を頂戴し、「大野くん、君は演劇で忙しいやろうから、授業に来んでええよ。舞台見に行くわ」と放置していただいたお陰で今がある。授業の思い出といえば、英米文化論か何かの授業中に先生やゼミ生と教室でバーベキューをして、次の授業までに肉の臭いを消すために必死になって換気したことなど、どうでもいいことしか思い出せない。

単位に関係のない自主ゼミも多かった。博士課程の時の指導教官は、授業とは関係なく「サークル活動」などと言いながら時間をあわせてイギリスの昔の小説をみんなでひたすら輪読する会を開催してくれた。体系的な講義よりも、小説でしか味わえない感覚が私の専門の映画の研究の幅を広げてくれた。

各ジャンルのトップを走るスター教官も大勢いたが、ある高名な先生は単位に関係のない現代思想の自主ゼミにおいでくださり、春と秋には講演会をしていただいた。当時その先生が編集委員をしていらした雑誌のテープ起こしのバイトもたまにやらせていただき、最先端の思潮と先生の編集の仕事をかいま見ることができたのは、今となっては大きな財産だ。

要するに先生も学生も、「単位」という制度が嫌いで、学問というものは大学という枠組みから逃れてやるものだという考えを叩き込まれる大学だった。教室の中での授業よりも、ある英文学の先生に連れていってもらった祇園で、まったく別の専門の理系の先生と出くわして議論を深めた時の方がよっぽどアカデミックなものを感じた。

ちなみに、祇園で店から出るときには、先生は「ほな」というだけで、財布を触っているところを見たことはなかった。噂では、後からアホみたいに安い請求書が届くとのことだったが、真偽のほどを確かめたことはない。西陣の三男坊みたいな人が教授になっていることも多く、「帯屋の＊＊のぼんが、先生にならはって」と特別扱いされているのをよく目撃した。京都の人は、大学人に優しい。

ノーベル賞教授がよく鴨川でジョギングしながら近所の人とあいさつしているところを見かける。京都では、学者が自然と風景にとけ込んでいる。

ともあれ、京大で学んだこととは何かと問われると、先にあげた森毅先生の講演の質疑応答を思い出す。先生は、聴衆から集めた百枚以上の質問カードに律儀に目を通した後、こう言った。「皆さんからのご質問、百枚まとめて答えますと、まあ、自分でなんとかせえちゅうことですわ」。

自由の礎を築いた折田先生

一九九四年に、私が京都大学の総合人間学部を受験した頃には、吉田南キャンパスのぼろぼろの校舎の前にペンキで顔を真っ赤に塗られた銅像があった。試験当日に日清焼きそばを頭に被って、台座に「ヤキソバン」と白ペンキで描かれていた記憶がある。銅像にしては顔がめちゃくちゃ怖いので「怒る人」などと呼ばれていたその像は、正式名称を「折田先生像」と言い、旧制三高の基礎を築いた偉い先生だそうだ。

折田先生その人のことは良く知らなくても、「折田先生像」が季節ごとにコスチュームを替えるのは在学生の密かな楽しみだった。パンツを被って「変態仮面」と書かれたり、モアイ像や太陽の塔になったりするのを見ては喜んでいた。

一番凝っていたのは、サークル勧誘の季節に、ヘルメットを被り、サイクリング・スーツを着て、腕のないトルソーに突如腕がつけられて自転車をかつぎ、台座に「私も入ってます! サイクリング部」と書いてあったときだ（そして、顔はやはり怒っている）。皆で笑い転げた思い出がある。普段は数日間放っておく大学も、そのときばかりは一日で撤去していた。

あとは、オウム真理教事件のときに、像はヒゲをもじゃもじゃ生やして、台座に「私はやってない」と書いていたのには驚いた。折田先生像落書き職人たちは、ニュース速報レベルの素早さで制作をおこなっていた。

サイクリング部折田先生像。1994年。

ヤキソバン折田先生像。1994年。

コンタック折田先生像？　本体移設以降の傑作。2011年。

太陽の塔折田先生像。1996年。

折田先生像は吉田南キャンパスにあった、と書いたが、ここで京大の各キャンパスについて説明しておこう。

キャンパスは、左京区の吉田、宇治市、西京区の桂の三ヵ所にあり、本部は吉田だ。宇治と桂には理系学部の広大なキャンパスがあるそうだが文系の私はよく知らない。吉田の本部キャンパスの今出川通より北は北部キャンパス。ここに理学部・農学部がある。農学部グラウンドでアメフット部が練習をしているので、ここではガタイのいい人をよく見かける。文・経済・法・教育・工学部がある中央キャンパスの正門を入ったところには、シンボルである時計台と楠がある。かつてはしばしば学生が占拠したのだが、近年時計台の一階にフランス料理店ができて観光地化している。東大路を挟んで西側の西部キャンパスには、コスプレの連中ばかり取り上げられる卒業式が行われる体育館、生協店舗、そして前述の通り数々のロック・ミュージシャンがステージに立った西部講堂がある。丸太町通まで伸びる南部キャンパスには医学部・薬学部があり、学内でもっとも落ち着いた雰囲気の中研究が行われている。その南部から東大路を隔てた場所、中央キャンパスから東一条通を挟んだ南側に、吉田南キャンパスがある。ここは旧教養部、元をたどれば旧制三高のあった場所で、今は総合人間学部のキャンパスとなっている。いわゆる教養課程の学生が多く、サークル活動もここで行なわれることが多いので、いつもがやがやとごった返している。有名な吉田寮には人間のほかに羊や孔雀も住んでいる。要するにカオス空間である。

中央キャンパス（時計台）の前にある他の偉い先生像には落書きはされず、吉田南キャンパスの折田先生像だけイタズラされることから、それは旧教養部の自由の学風を体現するものとされていた。なお、折田先生像については、こちらのページを参照されたい。(https://sites.google.com/site/freedomorita/rireki2) 本項にある折田先生像の写真は「折田先生を讃える会」からの引用であり、会長の許可を頂き、掲載させてもらっている。

あるとき、当局は業を煮やして、像の横に「折田彦市先生は第三高等学校の校長として京大の創設に尽力し、京大に自由の学風を築くために多大な功績を残した人です。どうかこの像を汚さないで下さい。総合人間学部」という看板を出した。この看板の文言は、ほとんど燃料を投下しているようなもので、案の定、その後イタズラはエスカレートして、ついに像は撤去された。一九九七年のことである。

しかし、人々は折田先生像を忘れることはなかった。落書き職人側もあきらめずに、今度は『北斗の拳』のラオウ像や『風の谷のナウシカ』のナウシカ像などのハリボテを「折田先生像」として吉田南キャンパスの敷地に立てて、「折田先生は京大に自由の学風を築くために青き衣をまといて多大な功績を残した人です。どうかこの像を汚さないで下さい」と看板までパロディにして制作した。これら折田先生像のパロディは、私の在学中はすぐに撤去されていた。

（詳しくは→https://sites.google.com/site/freedomorita/rireki3）

この折田先生像パロディが、ちまたに知られる存在となったのは、二〇〇八年の「てんどんまん」像がきっかけかと思われる。この像について、アンパンマンの著作権を管理している会社と京大とが話し合って、しばらく撤去せずに設置を黙認するとの声明（「平成二十年度版　折田先生像について」）を大学がウェッブ・サイト上で出したのだ。この声明は「さすが自由な京大」「当局もユーモアがわかる」ということで、ネットでも話題になった。

✿何の役にも立たないことの豊かさ

もちろん、これが京大の自由か、と言われると、疑問に感じる向きもあるだろう。滝川事件に見られるように、京大の教員・学生は、戦前・戦後を通じて、自由を獲得するために闘争してきた。戦後、学生運動が最後まで残った（ている）のも京大である。私の在学中にも、副学長制導入の際に「管理強化につながるのではないか」と危惧した学生とのあいだで総長団交が行われ、当局との闘争はなかなかの盛り上がりぶりだった。

このような運動は、結果負け戦になることが多い。しかし、負け戦を重ねたとしても自由を求める姿勢・運動こそ京都大学の良心ではなかったか。

と、年寄りの苦言のようなことを書いてみたが、そもそも私には現在の学生運動を批判する資格はないし、その欲望もない。前述の副学長制導入反対の総長団交の時、法経七番大教室で学生たちが「確約せよ」と詰め寄ったときのことを思い出す。医者でもある当時の総長が、「今は体調が悪いので正常な判断ができず確約できません」と逃げた。すると左のドアから白衣を着た医者が突然現れて総長の脈を測り、「ドクターストップです」と宣言し、総長は学生の怒号の中部屋を出た。医者が医者の脈を測るなんて茶番もいいところだし、団交そのものがかつての学生運動のパロディのようなものだった。

しかし、パロディだから意味がないとは決して思わない。折田先生像は、ただのパロディを毎年精魂込めて作っているという無駄な作業であり、その非生産的な生産に力を費やすことこそに本当の自由を感じる。かつてのハリボテと違って、近年のパロディ像の出来は、材質・色塗りにこだわりを感じさせるもので、一ヵ月ぐらいの風雪に耐えるクオリティを誇る。近年の傑作は二〇一一年の「Mr.コンタック」だった。半透明のカプセルに赤と白のつぶつぶが入っているなど、細部に至るまで精巧で、もはや伝統芸の域に達していた。

ひょんなことから制作者と知り合いになって聞いたところによると、折田先生像を制作する秘密のサークルがあり、毎年一月からミーティングを重ねてデザインをし、学生のマンションで寝泊まりしながら一ヵ月間ぐらいかけて制作するのだそうだ。以前は大学の校舎が二十四時間オープンで、私も芝居の練習を夜中に延々とやっていたのだが、今は夜間には立ち入れなくなった。そんな不自由の中、学生マンションでせっせとパロディの折田先生像を作っている現役の京大生には、敬意を表するしかない。制作費は3万円程度とのこと。また、毎年春に秘密を守れる人を勧誘して、折田先生像制作の伝統とノウハウを途絶えさせないように後継者を育てているのだという。

これほどまでに手間ひまをかけて、毎年毎年、撤去されるとわかっているものを作り続ける。これこそ京大の伝統ではないか。役に立つかどうかわからぬものを面白がるというのは、本当に豊かなことで、そこからしか斬新なものは生まれない。むろん、役立たずのまま終わる可能性大なのだが。

ところで、パロディ学生運動の末に押し切られた副学長制には、続きがある。二〇一五年に私服警察官が通告なしに学内に侵入した際、学生が警官を取り押さえた。そのとき、私服警官が通告なしに学内に立ち入るのは大学自治に反する行為であると強く非難する声明を、副学長が出したのだ。二十年前、管理強化につながると学生たちが反対した副学長が、毅然と声明を出した——「京大の自由も死んではいなかった」。すったもんだのパロディ学生運動も、無駄ではなかったわけだ。くそまじめに正しいことを言えばいいというものでもない。いい加減に無意味にむやみに、楽しく盛り上がらないと力にはならないのだ。チャップリンがまじめに「平和主義者」とは名乗らずに、チャラく平和を煽る「平和の煽動者」と自称したことを思い出す。なにごともお祭り騒ぎ、今風に言うと炎上マーケティング狙いで楽しまないと。

というわけで、京大の自由(?)およそ3万円なり。

——京大の自由について追記。

洛中に生まれ育ったある教授は、学生だった私が好き勝手に研究することを許してくれた。ロンドンの研究所での研究を自由にさせてくれた上で、隣接する分野についての適切な知識を授けてくれた。論文を書き上げたとき、内容についてはまったく物言いをせず、わずかに「てにをは」を三ヵ所ぐらい修正しただけだった。「いやあ、よく調べましたねえ」と教授はニコニコしながら褒めてくれた。そしておもむろに、「でもね、大野くん……」とあとがきのページを開いた。末尾に「**年*月*日 京都にて 大野裕之」と書いていたのだが、先生はその部分を指差して、こうおっしゃった。

「君の住んでいるところは御土居の北側なので、京都と書くよりも、洛北と書きなさい」。

京大は私を自由にさせてくれた。洛中生まれの先生は、研究については完全に自由にさせてくれた。が、彼は私が住んでいる場所を「京都」と書く自由については許さず、より厳密に「洛中ではないこと」を明記するよう指導してくれた。これまで私は数冊の書物を上梓しているが、恩師の指導に従いあとがきはすべて「京都・洛北にて」と結んでいる。

第四章

舞妓・芸妓のおねだん、すなわち、京都のおねだん

名神高速道路でも京都へご案内。舞妓ちゃんは京都最強のアイコン。

夏の芸舞妓はんのおねだん　1800円から

京都の五花街

さてさて、いよいよ京都のおねだんのミステリーの、真打ち登場である。

いったい、舞妓・芸妓と遊ぶおねだんはおいくらなのか。

イメージ的に「恐ろしく高い」と思っている人がほとんどだろうが、実際のところどうなのか。「舞妓・芸妓料金表」なんて本を作ることができれば、多くの人に喜ばれるに違いないが、そんなことは、果たして可能なのか。


その前に、ここまで「祇園《ぎおん》」だの「先斗町《ぽんとちょう》」だのと当たり前のように花街の名を書いてきたが、こないだ東京のさる知り合いに、「京都には五つの花街があって……」と話すと、「え？　お茶屋が五軒しかないの？」と言われてしまった。花街にご縁のない人の方がずっと多いのは確かだし、ここでちょっとおさらい。

京都には、祇園甲部、宮川町《みやがわちょう》、先斗町、上七軒、祇園東の五つの花街がある。祇園甲部は、江戸初期に今の八坂神社の門前で営業された水茶屋がその始まりとされる。宮川町は、出雲阿国の娘の二代目阿国がこの地で興行を行なったことに起源を持つ街。先斗町は、鴨川護岸工事で開けたこの地に、十八世紀初頭に茶屋が並ぶようになった。上七軒は、室町時代に北野天満宮修築の残材を使って、七軒の茶店を建てたことに起源を持つ。祇園東は、祇園町一帯に広がった茶屋町が一八八一（明治十四）年に京都府知事により二つに区分され誕生した。

というわけで、五つの花街それぞれの特徴を持ち、それぞれの魅力でお客さんを虜にする。各花街が春秋に開催する舞踊公演は、二週間から一ヵ月程度の期間中、満席が続く。花街は伝統芸能ではない。今に生きている。

実は、真夏真っ盛りの暑いさなかに、この原稿を書いている。とにかく京都の夏は暑い。大学時代にシンガポールからの留学生の友人が「京都は暑い」と言っていた。赤道直下の人間にそんなことを言わせるほどなので、世界レベルだと思われる。

なんでこんな時期に苦行のように原稿を書いているのか。理由はただ一つで、秋に出版するためである。「季節のおねだん」の章で、秋のおねだんを十倍と書いたが、出版業界でもその数字はあたっている。「秋は京都本が売れるので、それまでに原稿お願いしますね」とは編集者さんの言葉。出版における京都のおねだんなり。（しかし、私の怠惰のため出版時期は延びて、春になってしまった。）

たとえば、こんな季節に涼を求めて舞妓ちゃんと出かけるおねだんはおいくらだろうか。昔の映画を見ていると、夏に旦那衆が舞妓ちゃんと一緒に琵琶湖に繰り出して舟で遊んでいるシーンなどが出てくる。確かに涼しそうだが、あれをすると数十万円はかかりそうだ（やったことないので知らんけど）。「涼しさのおねだん数十万円」と書くとどっとくたびれそうなのでやめておく。

あるいは鴨川の納涼床《ゆか》に舞妓はんを連れ出すのも、京の夏の風景だ。五月から九月末まで、二条から五条あたりまで鴨川にはり出す納涼床。もっと北のほうの貴船《きぶね》や高雄では、山に挟まれた峡谷で、清水に触れることができるほど川面から近い高さにお座敷が設置される（こちらは川床《かわどこ》と呼ばれる）。山の中ゆえ気温も街よりは数度低い川床に対して、鴨川納涼床のほうは、正直言ってあまり涼しくない。むしろ、暑さを暑さとして、夏を夏として楽しむ、京都的な装置だ。鴨川の流れを見おろしつつ、さっぱりとした鱧を梅肉で食べて涼を想像するというわけだ。

しかし、納涼床は近年大きく様変わりしたとの声を聞く。昔は、もっと床の数が少なかったそうだ。ところが近年、先斗町にお茶屋が減り、一般的な飲食店が増えるにともなって、猫もしゃくしも床を出すようになり気軽な観光スポットになってしまった。——ある人が嘆いた。「鴨川の床ゆうのは、旦那衆が舞妓ちゃん連れて行く場所やったのに、今はただのビアガーデンになってるわ」。

ところが、当の旦那衆が作ったビアガーデンもある。

✿ 上七軒の梅乃さん

北野の天神さんの東参道に連なる上七軒（かみひちけんと読んで欲しい）は、室町時代にまでさかのぼる、最古の歴史を持つ花街だ。豊臣秀吉の北野の茶会でお団子を献上したことをきっかけに繁栄したという逸話があるが、そういえばあるお茶屋さんでお手洗いに行き、手を洗う蛇口の水を受ける鉢が綺麗だったので、あのトイレの鉢いいですね、と言うと、「へえ、あれは太閤はんから頂いたもんどす」と言われて驚愕したことがある。

京都のお店では「この品は太閤はんから頂いたものどす」という台詞をけっこう聞く。秀吉公だって政治や戦に忙しかっただろうから、そんなにあちこちで人にものをあげてばかりいたとも思えないが、こういう言葉から、京都人の秀吉への思いが推し量られる。応仁の乱で荒廃した京都を再建したのは秀吉であるし、秀吉は京都をみずからの夢の都に

上七軒「梅乃」のお座敷にて。舞妓さんの京舞。

「宮川町 近江榮」の2階お座敷にて。

し、近世京都の礎を築いたのだ。秀吉といえば大坂ばかり連想されるが、秀吉の京都というテーマで歩いてみるのも楽しい。（しかし、秀吉から頂いたというものを、トイレに使っている上七軒……。）

さて、春秋に各花街で踊りの公演が行われると先に述べたが、上七軒の歌舞練場《かぶれんじょう》では毎年四月に二週間ほど「北野をどり」が開催される。『十二段返し』という出し物は、上七軒独自のものとのことで、七人か八人の舞妓・芸妓さんが、忠臣蔵十二段すべてを、なんと三十分ほどのダイジェストにまとめてテンポ良く演じる。忠臣蔵を丸一日かけて通しで見たことがない人にとってはおそらくなんのこっちゃわからぬ話だろうが、文楽や歌舞伎が好きな人にとってはかなり楽しめる。丸一日の出し物を三十分にまとめる強引さに驚嘆し（十段目の天河屋など一分ぐらいで終わったような気がする）、男性の物語である忠臣蔵を、女性から見たストーリーの取捨選択の巧みさに感服し、六段目の勘平とお軽の悲劇を芝居のうまい芸妓さんがじっくり演じた後、間髪をいれず舞台がぱーんと明るくなって、祇園一力茶屋の場面になり舞妓さんたちの華やかな踊りが始まるといった演出のフォーカスのあて方に京都の視点を感じる――そして、それらすべてを七、八人で演じる芸達者に喝采を送るのだ。

『十二段返し』を見たときの感動を、上七軒のお茶屋「梅乃」さんの女将・中路裕子さんに告げると、とても喜んでくださった。

中路裕子さんは、「梅乃」の二代目。お茶屋の家に育ったが、自分が継ぐとは思わず、一度は一般企業に就職した。一度外の世界を見たことで、京都の宝とも言うべき「お茶屋」を生業にするということが、いかに誇るべきことであるかにあらためて気付かれたとのこと。伝統にあぐらをかかず、映画のロケ撮影やテレビ番組にも積極的に協力し、アイドル・グループのＰＶにも登場したことがある。近年、明治三十八年築の町家を改装して新館をオープンさせるなど、上七軒の新しい魅力を拓いておられる。

と、その会話中、裕子さんのお母様が、奥の部屋でなにやらごそごそと探し物をしておられる。しばらくすると、達筆な筆で書かれた『十二段返し』の古い台本を持ってきて、見せてくださった。なるほど、代々受け継ぐ毛筆の台本の上に、梅乃さんの新しい試みがあるのだろうと実感した次第だ。

✤夏の風物詩・ビアガーデン

上七軒の歌舞練場には見事な庭があり、それが夏になるとビアガーデンになる。明治時代に建てられた上七軒歌舞練場は近年改修され、京都在住の和紙造形作家、堀木エリ子さんによる和紙の新しい緞帳が古い建物とマッチしている。

上七軒の歌舞練場。毎年四月に「北野をどり」、夏期にはビアガーデンが開催される。

最古の歴史を誇りながら新しいものを取り入れる上七軒だからこそ、ビアガーデンも最近始まったのかと思いきや、さる芸妓はんによると「五十年ほど前に始まった」とのこと。

ところが不思議なことに、ここ十年間ビアガーデンに通っているが、毎年「五十年ほど前に始まった」と答えてくれる。

コトのきっかけは、旦那衆がお茶屋で遊んだ後、誰かが「歌舞練場の庭でビール飲もうや」と言ったことだったらしい。それで、どこかのお茶屋が歌舞練場を「こじあけて」(さる芸妓談)、旦那衆にビールを飲んでもらっているうちに、ほなちょっと一品作りましょか、テーブル出しますか、どうせやったら一般公開しましょかというノリだったので、正確にいつ始まったのかよくわからず、いつ聞かれても「五十年ほど前に始まった」と答えているらしいのだ。

どの花街もそれぞれ趣向を凝らしてビアガーデンを開催しているが、上七軒のビアガーデンが一番開催期間も長く、花街のビアガーデンの代表的な存在と言える。毎年大勢の人でにぎわうので、必ず予約して行くのが良い。毎日六人ほど舞妓・芸妓が当番でテーブルまで来てくれる。ビアガーデン専用の千社札を頂いて、財布に貼る。「舞妓の札は、お金が『まいこむ』ってことで縁起がええんどす」。ほな、芸妓の札はどないやねん。「芸妓は元舞妓どっさかい、『もっとまいこむ』んどす」などと芸舞妓さんと会話を楽しみながら、生ビールと二品料理がセットで１８００円。京都の夏を、このおねだんで楽しめるというわけで、舞妓・芸妓と遊ぶおねだん、最安値は１８００円なり。

「こじあけた」と言えば、五山の送り火の日には、京都大学の建物の屋上が開放される。当局と交渉の末、学生がこじあけたものであるが、京大の屋上といい、旦那がこじあけた歌舞練場の庭といい、京都は季節を愛でるためなら少々のことは許される街のようだ。皆さんも、京都の季節の楽しみ方を、独自にこじあけてみてはいかがだろうか？

萌え系舞妓のおねだん　0円

舞妓さんの京舞　3150円〜

ふむふむ、芸舞妓さんは1800円から楽しめることがわかった。芸舞妓さんとは短い時間一緒にビールを飲むだけだが、特別な雰囲気に浸ることができる。

舞妓さんの踊りを見るなら、最安値はおそらく「ギオンコーナー」だろう。主に外国人観光客向けに、茶道・華道・琴の演奏・雅楽・狂言・舞妓の京舞・文楽を、合計四十五分に凝縮して見せるというすごい舞台だ。先日外国人を案内して、私も初めて見に行ったのだが、驚いた。京舞には祇園甲部の舞妓さんが出演しており、ほかのジャンルも一流の技を楽しめる。日本人観光客の観劇料金は3150円。高品質の日本文化のエッセンスがまとめて楽しめるので、かなりお得だ。

そして、これらを入り口に、次のステージへと進みたいという欲望も、当然出て来るだろう。

ビアガーデンだけでお客さんを虜にしてしまう芸舞妓さん。舞や三味線などの芸はもちろん、深い教養も兼ね備えている。とにかく接客のプロ中のプロで、お客さんを絶対に不愉快な気分にさせない。花街で遊ぶ前に、まずは芸舞妓のことを知りたいと思って、いろんな芸舞妓さんにお話を聞いた。

✿芸舞妓さんの標準コース

花街の接客術の裏には、独特の経済学がある。

先ほどから、舞妓、芸妓と並べて書いているが、両者はどう違うのか。

舞妓・芸妓さんになる標準コースは（花街によって微妙に異なるが）おおむね次のとおりだ。まず「置屋《おきや》」に所属し、舞妓になる前に、「仕込み」と呼ばれる養成期間がある。一年ほどのあいだ、舞や三味線などを稽古したり、地方出身なら方言を直して京言葉を覚える。たいてい中学を卒業後に花街にやってくるので、十六歳から十七歳ぐらいまでが修業の期間となる。

そして、晴れて「店出し」、すなわち舞妓デビューする。先輩の芸妓さんが新人舞妓を「引き」（教育係としてつき）、いろんな面倒を見る。一般的には、店出ししてから六年半は奉公、すなわち置屋に住み込みでつとめる。その間、二十歳前後に「襟替え」をして芸妓になるので、標準コースで行けば、十六、十七歳から二十歳ぐらいまでは舞妓さん、そこから三年半ぐらいは住み込みの芸妓さん、そして二十三歳ぐらいで奉公期間が終わり、置屋から独立に必要な着物などを頂いて、自前の芸妓さんとなる。

舞妓さん・奉公中の芸妓さんと自前の芸妓さんでは、雇用形態が大きく異なっている。実は、舞妓さんと奉公中の芸妓さんには給料は支払われていない。無給の住み込みである。その代わり、生活費全般はいうまでもなく、高価な着物・かんざし・履物から、髪結い・着付け、さらには踊りや三味線といった芸事の稽古代にいたるまで、必要な一切の経費を全部置屋が負担する。一口に「一切の経費」と書いたが、例をあげてみると、舞妓の正装である黒紋付《くろもんつき》は一式で８００万円から１０００万円する。黒紋付だけでなく、色紋付、二つ綿入れ、一つ綿入れ、単衣《ひとえ》、絽《ろ》、それぞれの引きずりを何枚か持たなくてはならないので、それだけでも十分に家が建つ金額だ。このような置屋の莫大な投資を回収するために、六年半の奉公期間があるわけだ。対して、自前の芸妓さんは売上こそ自分のものになるが経費も自己負担という個人事業主なのだ。

ある上七軒の芸妓さんは、中学卒業後上洛して、舞妓を目指した。仕込みの間（この芸妓さんの場合、仕込みの期間が二年間あったそうだ）、財布は持っていなかったという。近くのお菓子屋さんに行っても、文房具屋に行っても、お金を自分で払ったことはなく、後から置屋さんが支払っていた。舞妓になっても、必要なお金はすべて置屋が面倒をみる。その代わり、頂くものはお小遣い程度だ。お座敷が多くても少なくても、この条件は変わらない。

しかし、自前の芸妓になれば、勝手が違って来る。それまで置屋が出してくれていた着物代、髪結い代、踊りや三味線の稽古代、それに家賃や生活費全般を、すべて自分で負担することになる。お客さんからの花代が自分の収入になるのだから、一生懸命稼がなくてはならない。いわば芸能プロダクションと契約している所属タレントのように、置屋を通して貰う仕事量に比例した歩合制になる。くだんの芸妓さんは、そこで初めてモノの値段を知ったという。

✤夢見る舞妓はん、リアリストの芸妓はん

京都の誇る花街の接客術は、実のところ、この経済システムによって成り立っているのではないだろうか。

年端も行かぬ舞妓さんは、夢を売る存在である。生活がかかっていて現実的なお金の算段など頭にあっては、お座敷の客はたぶん興ざめだ。だから、舞妓さんには財布も持たせず、彼女らはモノの値段も知らない。ガツガツと営業もしない。浮世離れした若い舞妓相

手に、お客はお座敷で夢のひとときを過ごす。いくら働いても待遇は同じなので、時には退屈そうに、人の話も半分ぐらいしか聞いていないこともあるだろう。しかしながら、数百万円の着物で美しく着飾った白粉の舞妓ちゃんが、ぼんやりと退屈そうにしていると、余計その姿におっちゃんたちは萌えまくるのである。

片や、個人事業主の芸妓は、仕事を取ってナンボ。だから、サービス満点である。時事問題にも精通しており、話題も豊富で飽きさせない。しっかりとしたリアリストであり、接待する側には頼れる女となる。

舞妓と芸妓というこのゴールデン・コンビで最強の接客サービスが行われるのであり、このキャラ設定の基礎には、独特の経済システムがある。

キャラクター花盛りの近年、二次元でも三次元でも、多くの萌え系キャラが人気を誇り、ほとんど日本の主要輸出品目の一つに数えられるほどであるが、その元祖ともいうべき存在が、「京都の舞妓はん」ではないだろうか。舞妓はんは、名神高速道路の「京都まで＊＊キロ」という表示にまで登場し、京都府警の防犯ポスターで、「万引きあきまへん」と注意を促し、果てには銀行に行くと、「大切なお金、小切手でどうどす？」と安全な資産取引を勧めるチラシもある。なぜ舞妓はんが万引き犯を叱ったり、経済指南をしたりしているのか、京都府警の方にたずねたところ、警察官が写っているポスターは店がいやがって貼ってくれず、舞妓なら貼ってくれるという理由が大きいそうだ。お上や権力が嫌いな京都人は、舞妓の言うことなら聞くのである。また他県ではタレントが防犯キャラクターをつとめることも多いが、舞妓はんは京都のために防犯活動には無償で協力しているとのこと。ボランティアで都の治安維持につとめているわけだ。

ともあれ、京都のイメージを一身に背負う最強キャラである舞妓は、かような経済システムによって作られているのである。

というわけで、元祖萌え系キャラ、舞妓の作り方＝舞妓さんの財布の中身「０円」なり。

一生輝ける場所

なかには舞妓から芸妓というコースを歩まない方もいる。先斗町の亜弥さんは、小さい頃から舞妓になりたくて踊りを習っていたが、夢を諦めて大学に進学した。しかし、大学卒業の頃、バブルが弾け、就職したところで未来も見えない。一念発起して先斗町の扉を叩いた。

そんなわけで、大学卒業後に仕込みから始め、年齢的に舞妓にはならずに芸妓から始めたという、異色の経歴を持つ。それゆえ、独立の際に置屋から頂ける着物もほとんどなく、一通りそろえるのに借金を抱えたという。それでも先斗町で芸妓になりたいと思ったのは、「年配の地方《じかた》さん（お座敷で踊り手を「立方《たちかた》」というのに対し、楽器の演奏や唄の担当を「地方」という）が三味線の技術で活躍したはるのを見て、花街こそ女性が一生輝ける場所だと思うたんどす」。京都を支える女は強く美しい。

ところで、私と亜弥さんが初めてあったのは、ある行政機関の公的な会合だった。学生だった私は行政の会合に舞妓さんや芸妓さんがたくさんおられることに驚いたものだが、今では、こないだの選挙のときに当選した首長に舞妓はんが花束を渡しているのを見ても、ごく自然なことと思うようになった。ほかの都市であれば——たとえば、東京都知事が選挙で選ばれ、新しい都知事就任に際して新橋の芸者が花束を渡すようなセレモニーがあれば、かなりびっくりするだろう。

初めてあったときに、亜弥さんから「チャップリン研究してはるんどすか。うちも『チャップリン自伝』読みましたけど、貧しい生まれからスターにならはって、えらい人どすな」と言われたことを、今でも覚えている。芸妓はどんな専門の人とも話せる教養の持ち主なのだ。どこかの社長さんに連れていってもらった別の街の「高級スナック」で、「チャップリンの研究ですか。じゃあ、『ロンリー・チャップリン』を歌いましょうか」と言われたのとは、たいへんな違いである。芸舞妓は京都の行政の公的な場所に、この街の文化と美の象徴として出席するのにふさわしいわけだ。

「花街こそ女性が一生輝ける場所」とはけだし名言だが、それでは花街に育った男性はどうだろうか?

❖花街の男

「お茶屋のお母さんにとって、跡取りとは娘。舞妓も芸妓も女ばかりで、廓では男はあまり役に立ちません」と笑うのは、「京都祇園 天ぷら八坂圓堂《やさかえんどう》」のご主人の遠藤弘一さん。ひいひいおばあさんが始めた祇園のお茶屋「近江榮《おうみえ》」に生まれた。花街の中で生まれ育った生粋の祇園の男だ。

祇園というのは京都でも特別な地区に違いない。花街で生まれ育って身に付いた特別な感覚はあるのだろうか。そんな野暮な質問に、遠藤さんは「祇園町の子供がほかと決定的に違うのは、お金の使い方から習いはじめることです」と答えてくれた。

普通、例えばサラリーマン家庭の子供なら、親が会社で給料をもらい、そんな様子を見ている子供は「お金の稼ぎ方」を自然と学ぶ。

対して、祇園では、そもそもお金を稼いでいる大人の男を見ることはない。この街にやってくる男たちはといえば、競ってお金を使う。それで子供の頃から、かっこいい「お金ゆえに、「廓で育った男は、大人になったら人気者になりますが、商売は下手で失敗します」。花街のジェンダーの細部を検証してみるのも面白いかもしれない。

ところで、廓の男は商売下手という言葉とは裏腹に、遠藤さんの天ぷらの店は成功し、アメリカはロス・アンジェルスのビヴァリー・ヒルズにも出店した。近ごろ、宮川町にワインバー「近江榮」を出店し、芸舞妓連れのお客さんでにぎわっている。ソムリエでもある遠藤さんの、天ぷらにワインをあわせるという粋な発想が受け入れられたことはもちろんだが、やはりこれまで祇園という街で時間をかけてつちかってきた信用が大きいだろう。

「最近では廓でしかあり得ないことを、ひとつ思い出しました」。お茶屋では、客はお座敷で芸舞妓と食事をしたり芸を楽しんだりするのだが、今ではたいてい一階にバーがある。遠藤さんは若いときに会社勤めをしていたが、ちょうどその頃にお茶屋がバーを併設し始めた。ある日、宮川町のお茶屋のバーに入って、奮発して当時4000円もしたウィスキーのボトルを入れた。

それから三十年。八坂圓堂を成功させた遠藤さんが、ある時、その同じお茶屋のバーを訪れた。お茶屋のおかあさんが奥から出してきたのは、すっかりラベルが変色した三十年前のボトルだった。

花街では、仕込みさんから舞妓、芸妓へと成長していく姿を男性客が見守るが、花街の女性も、男性を見守ってくれているのだ。「時は金なり」とは時間の大切さを説く言葉だが、４０００円のボトルで、時を経て熟成した信頼関係の大切さを今も教えてくれるのが、花街のおねだんか。

花街で、自腹で遊んでみた！　24万4836円

一概には言えません

数年前に、さる映画プロデューサーから「緊急の用件で折り返して欲しい」と留守電が入っていた。何事かと思って掛け直すと、「今晩、あるトップクラスの俳優さんが祇園のお茶屋さんに行くのだが、ご祝儀はいくら包めばいいのか教えて欲しい」とのこと。ポチ袋に包むご祝儀のおねだんがわからず、スターさんさえ右往左往してしまう。

こんなとき、無粋を承知で、「花街の料金表」があれば――。

よし、思い切って、自腹でお茶屋遊びをしてみよう。それで、おねだんは実際いくらだったのかをレポートすれば良いではないか。

というわけで、「花街で、自腹で遊んでみた！」企画を立てたのだが、この企画はいろんな方から「ちょっと難しいんちゃいますかね」と意見がついた。

先斗町の芸妓・亜弥さんは、「お茶屋によって、お客さんによって違いますからね。一

概に料金表は作れません」。それでも、亜弥さんは面白い話を教えてくれて、「実はポチ袋のご祝儀はおいくらでもええんどす」。それはどういう意味？　「芸舞妓はご祝儀頂くと、お茶屋のおかあさんに報告しますから、その金額を引いた額が請求されると思います」。なんと、では総額は変わらないのか。「へえ、お茶屋によると思いますけど」。

上七軒のお茶屋・梅乃さんの中路裕子さんも、料金表作りは不可能であると言う。「やっぱり街によって、店によって違うと思いますし、その他いろんな条件でも違てきます」。祇園に生まれ育った遠藤さんは、「一回行ってみただけだと、請求書を見ても、何にいくらかかったのかはわからないと思います」と。何にいくらかかったかわからない請求書が来る？　「なので、いっぺんお茶屋遊びしはって、その請求書を僕が見て解説することはできます」。なるほど。しかし、最後の決め台詞はみんな同じだ。「でも、それも人によってお茶屋によって違いますので、一概には言えません」。

お茶屋遊びに詳しいある方が、面白いことを教えてくれた。まずもって、お茶屋の料金は、「誰が紹介してくれたか」によってベース料金が決まり、それが生涯ついてまわるとのこと。その方の場合、紹介者が芸事の家の方で、十代からお茶屋に出入りする人だった。つまり、十代ゆえの割引料金がベースとなっている方から紹介いただいたので、その方の料金も割引価格がベースとなる。濃い人脈に紹介いただければ、それだけお得ということなので、ここでも紹介者が大事になってくるというわけだ。

街、お茶屋、紹介者、お客——様々な要素が絡み合って違ってくる料金ゆえ、やはり「料金表」というのは無理か。しかも、請求書が送られて来ても、初心者には解読すらできないというのでは、この企画は不可能となる。


しかし、とにかくやってみないことには始まらない。

私は、ある晩、懇意にしているお茶屋遊び歴二十年のAさんに、素敵なお茶屋をご紹介いただき、ついに自腹でお茶屋遊びを敢行したのだった。以下、匿名を条件にレポート掲載を許可くださった。

❖お茶屋に潜入

その日、午後五時三十分。私はとある花街でタクシーを降りた。ちょっと場所がわかりにくかったので、女将さんが迎えにきてくださる。道すがら、踊りのお師匠さんに会えば、「おおきに、おかあさん」。常連の旦那に会えば、「おおきに、おにいさん」。これに「おおきに、ねえさん」も加えて、おおきに、おおきにと挨拶が飛び交う。普段私が接している映画・演劇人は「おはようございます」と「お疲れ様でした」であるが、やはり花街のこの挨拶は、柔らかく感じる。日々感謝の心か。

風情ある数寄屋造りのお茶屋の、坪庭の見える立派なお座敷に通していただいた。Aさんはすでに待ち構えておられた。

ほどなく舞妓さん、芸妓さん、地方さんの三人が来られて、さっそく宴会がスタートする。お食事は近くの料亭からの仕出しだ。以前別のお茶屋に伺ったときの仕出しはあまり感心しなかったのだが、今回の仕出しはオーソドックスな京懐石に現代的なアレンジを加えたもので、なかなかのものだった。

徹底的に取材をしてやろうと意気込んで来たのだが、料理の美味しさに、舞妓さんたちとの会話が楽しく、またお酒も入ったので、宴席が始まってすぐに私は所期の目的を忘れて楽しんでいた。

水物までのフルコースを頂いた後、お座敷で舞妓さんの舞、次いで芸妓さんの舞の披露がある。地方さんの奏でる情感あふれる糸に乗せて、踊り手の、指先まで研ぎすまされた感性に、そして視線の置き方一つに、洗練の極みを見て感嘆するほかない。冷たく凛としたたたずまいと、熱い色気の共存。西陣の粋ともいうべきお着物から髪飾りまで、まったくもってチープな要素が一つもない。これを二人しかいないお座敷で味わうという贅沢。

存分に味わった後、恒例のお座敷遊びとなる。芸舞妓と向かい合って三味線の音にあわせて袴を取り合う「こんぴらふねふね」は、生まれてこのかた一度も勝ったことがないが、やはりこの日も連敗して、負けるたびにおちょこにお酒をいただく。ほかに、『国性《こくせん》爺合戦《やかっせん》』をモチーフに虎と加藤清正とおばあさんのいずれかになって、じゃんけんの要領で戦うゲーム（清正は虎より強く、虎はおばあさんより強く、おばあさんは清正より強い）などなど。単純であるがゆえに盛り上がって杯が進む。

というわけで、この日のお開きは真夜中の十二時。六時間半にわたって、遊び続け、お酒を飲み続け、取材どころではなかった。お茶屋のおねだんについての手がかりはまったく得られず、ただ単に楽しんだだけだった。

要するに、おねだんのことを忘れさせてくれるのがお茶屋遊びだとでも言うべきか。それにしても、取材としては大失敗である。

❖お茶屋の請求書、大公開！

さて、その月の月末。送られてきました、御請求書が！

めったに見ることもないものゆえ、ここに開示します。

お花代　12万1176円

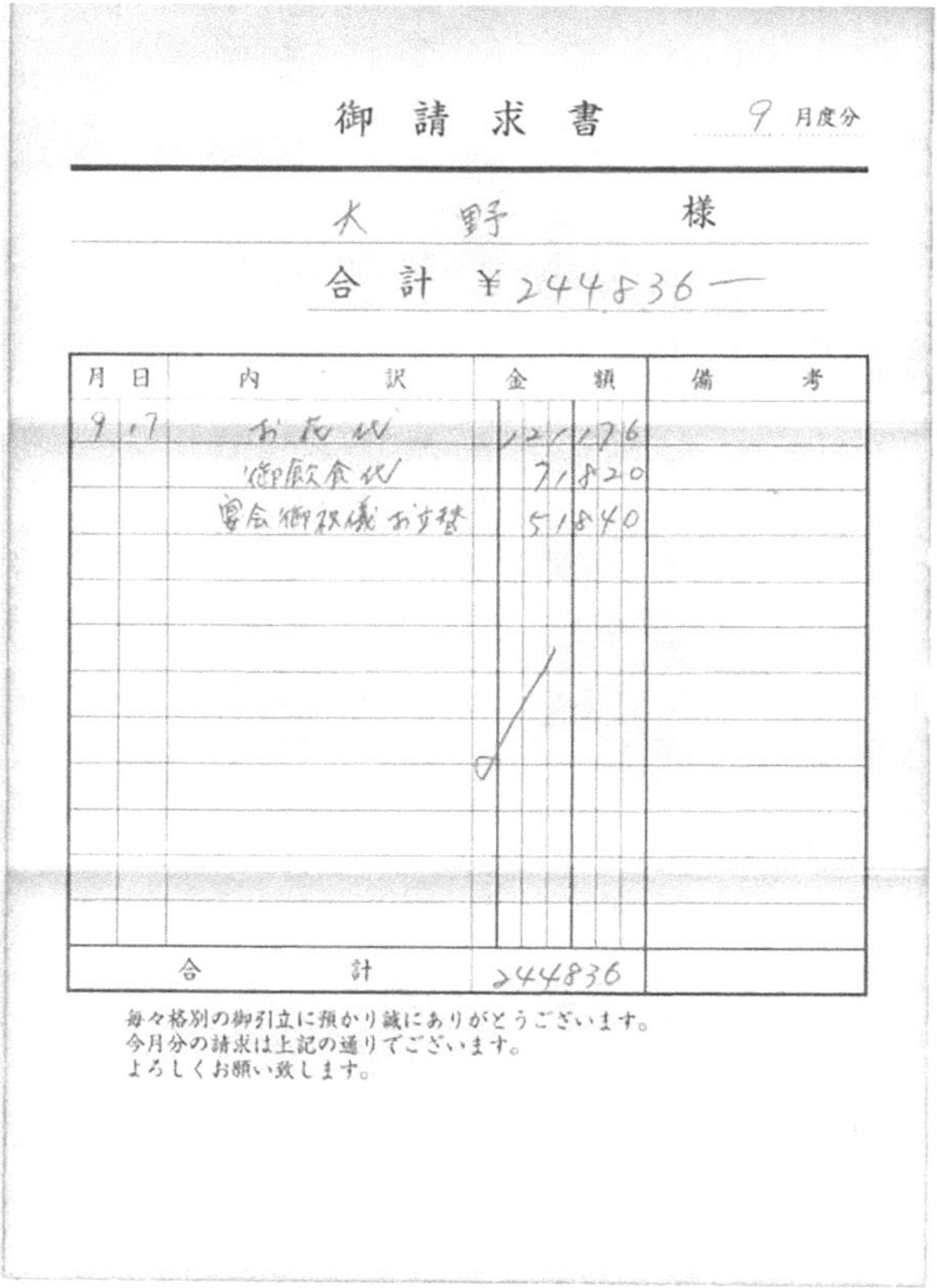

御請求書　9月度分

大野　様

合計 ¥244836—

月	日	内訳	金額	備考
9	17	お花代	121176	
		御飲食代	71820	
		宴会御祝儀お立替	51840	
合計			244836	

毎々格別の御引立に預かり誠にありがとうございます。
今月分の請求は上記の通りでございます。
よろしくお願い致します。

筆者に届いた請求書（現物。個人情報保護のため一部修正しています）。本書の印税でまかなえなかったらどうしよう……。

ご飲食代　7万1820円
宴会ご祝儀お立替　5万1840円
合計　24万4836円

……確かに、これだけだと請求内容はわからない。

前回、楽しむだけ楽しんで、まったく取材にならなかったので、お茶屋さんの女将さんに、無理を申し上げて、再度お話をお伺いした。

無粋を承知で――しかし、おねだんのメカニズムをかいま見せて頂くことで、お茶屋にご興味を持ってくださる方が増えるということを信じて。

女将さんは、快く教えてくださった。

まず、この項目の中で、一番わかりやすいのは、「ご飲食代　7万1820円」。税抜きだと6万6500円、一人あたり3万3250円。

「これは、席料も入っています。お二人で1万2000円だけいただきました。」ということは、席料は一人6000円？　あれ？　確かほかの方から、席料は一人1万5000円が相場だと聞いたような。しかし、今回の女将さんは、「うちは宴席ではお一人5000円、二次会で使てもろたときは一人3000～4000円です。」その計算でも、今回は宴会から六時間半滞在したので、一次会・二次会通しで8000〜9000円になるはずだが、6000円にしてくださっている。やはり、Aさんのご紹介ということで、だいぶ安くしてくれているに違いない。それに相当長居してかなり飲んだので、飲食代は妥当なところ。（あんた、どれだけ飲んでるねんと総ツッコミを受けそうですが。）

次に「お花代　12万1176円」、税抜きで11万2200円。これは、舞妓・芸妓・地方と合計三人おいでいただいた代金で、一人あたり3万7400円ということになる。

お花代には何種類かある。一つ目は、「宴会花」。これは、文字通り舞妓・芸妓が宴会に呼ばれるときのお花。白粉に衣裳はおひきずりという正装で、お座敷で踊りを披露する。一次会の宴会でお酌もするなら一人3万〜4万円、お食事を済ませて来たお客相手にお茶屋の二次会で舞を舞うなら2万円程度というところ。

次に、「ごはん食べ花」。これは、お客さんと「ごはん食べ」に行くときのお花で、白塗りではなく、衣裳も普通のお着物。しかし、夕方に待ち合わせして、お食事の後、さあもう一軒、ということになるので、拘束時間は長くなるため、一人お願いして、4万〜5万円というのが相場。

ほかに、二次会のバーなどに来ていただく場合は、「普通花」となる。時間にもよるが、一人お願いして2万〜3万円程度とのこと。

となると、私の場合、夕方五時半から夜の十二時までお世話になったので、「宴会花」の「宴会3万〜4万円」＋「二次会2万円程度」で、「定価」は5万〜6万円になっているはずだが、これを3万7400円にしていただいている。「また来ていただきたいと思いまして、そうさしてもらいました」と言ってくださったが、ここもAさんのご紹介ということで、特別価格になっているのだろう。

最後に、「宴会ご祝儀お立替　5万1840円」。これは、宴会のときだけ（つまり踊りを披露するときだけ）お支払いするもので、今回は舞妓・芸妓・地方の三人をお願いしたので、一人1万6000円（税抜き）だけつけていただいたとのこと。そういえば、私は当日にポチ袋に1万円ずつ入れて、皆さんにお渡しした。先日、亜弥さんは「当日ポチ袋で渡すご祝儀は、総額の中に入っている」とおっしゃっていたが、今回はカウントされていないようで、これもお茶屋によって違うのだろう。

説明を受けた通りに、「定価」で勘定しなおすと、この日の代金は、お花代が、5万〜6万円×3人＋税＝16万2000円〜19万4400円。「ご飲食代」も席料を定価にすると8万円程度、あるいはほかの人から聞いた席料（一人1万5000円）で計算すると9万円ほどとなり、本来だと総額30万〜34万円程度になるはずだが、だいぶお安くしていただいたようだ。

一回払っただけで偉そうにできないので、別のシチュエーションで追加取材を行なった。

ある花街のお座敷に、舞妓・芸妓・地方の三人を呼んで、二時間ほど御一緒して、二曲踊りをご披露いただいた。食事を終えた後の九時ぐらいからの「二次会のお花」である。くだんのお茶屋では一人2万円程度とのことだったが、ここでは三人合計「9万円」だった。

また別の機会に、外国からアーティストが来られたので、バーに舞妓さんに来ていただいた。踊りなどを披露しない、いわゆる「普通花」である。くだんのお茶屋情報では、普通花は「2万~3万円程度」だったが、このときのご請求は、1万5000円だった。ひょっとしたら、外国人芸術家の珍客ということでお安くしていただいたのかもしれない。

❖京都のおねだんとは？

ほかにも何度か調査を行なったが、くだんのお茶屋さんからお伺いしたおねだん情報を基準にして考えても、その都度諸条件によって変わる、ということだけがわかった。これ以上は、経費がかかりすぎて調査活動を続けられない。

結局のところ、定価はないし、料金表も作れなかった。

条件として、紹介者は誰か、紹介者の紹介者は誰か、何人で来たか、などなどがあるが、どれも料金を決定するための、決定的な条件ではない。

先斗町の亜弥さんが営む「BAR亜弥」にも料金表はない。「先に金額を決めている方がおかしいと思います。だって、どれぐらい飲まはるのか、何人で来られるのか、わからしまへんもん」。

くだんのお茶屋でも、Aさんとのおつきあいだからこのおねだんにしてくださったのか。私が裕福ではないので割り引いてくださったのか。

ここはやはり、「これからも大野さんとおつきあいさせていただきたいと思いまして」との言葉通り、お気持ちでお安くしてくださったと素直に受け取りたい。

お茶屋でもバーでも、京都の古いお店の支払いは、後日ご請求書をいただいてからだ。支払いに行ったついでに、また一杯飲んでしまい、その請求書が後日やってくる。このシステムは、店と客との信頼関係がある限りは、半永久的に関係が続くというもので、請求書はまるでラブレターのように両者をつなぐ。年末に祇園を歩いていると、知りあいのお坊さんに何人も出会うことがある。聞くと、お茶屋への支払いにまわっているとのこと。「師走」の隠れた意味を知ったといえば怒られるか。

冗談はともかく、京都人がお茶屋に通うのは、そこが安いと感じるからだ。それ自体が美術品である建物に、絢爛たるお着物と飾り、なにより舞妓・芸妓・地方の磨き抜かれた芸は、絶対に嘘をつかない。お茶屋に限らず、最良の京都には本物しかない。そして、そのおねだんには、決して定価があるのではない。店と客の、人と人との「関係」のおねだんであり、それは請求書を受け取った客が己の価値を知る数字である。それにしても、「先に金額を決めている方がおかしいと思います」とは、〈おねだん〉の概念について、現代人に根本的に再考を迫る言葉ではないだろうか。

エピローグ

東京の「京都のおねだん」、あるいは私のおねだん

5000円～7500円

神楽坂の「和可菜」

さて、ここまで「京都のおねだん」のミステリーに迫るべく、私の京都RPG体験をとりとめもなく書いてきたが、実のところ、第四章で触れたような定価も料金表もない料金体系は、かつては京都に限らず日本中にあったのではないだろうか。

東京・神楽坂の旅館「和可菜《わかな》」は、脚本家がこもる「ホン書き旅館」として知られている。十年ほど前に、そこに「缶詰」にされて以来、東京にもこんな空間があるのかと感心

し、以来定宿にしていた。五部屋のうち、あの部屋はあの先生、二階の大きな部屋はあの監督さん、とそれぞれの好みがある。私は一階の部屋の掘りごたつで床の間に向かって座ったときに恐ろしい勢いで書けた。木暮実千代さんの妹さんである女将の和田敏子さんは、そのことを覚えていて、以来その部屋を「大野の部屋」にしてくれていた。

ある日、京都に戻る日だったがチェックアウトの時間もなにもないので、昼過ぎまでごろごろしていると、「ちょっと、大野さん」と呼ぶので、そろそろ帰れということかと思いきや、「こっちきて黒ビールでも飲まない?」とのお誘い。「ひばりちゃんはね……」と昔話が始まった。歌舞伎座公演の開演十分前に踊りの先生から振り付けの絵を渡されて、稽古もせずに絵を見ただけで完璧に踊った美空ひばりの天才ぶりの話。片岡千恵蔵と市川右太衛門《うたえもん》が山の上で決闘するシーンを撮るのに、一日目は右太衛門御大だけ現れて千恵蔵御大は腹が痛いと休む、二日目は千恵蔵御大だけ来て右太衛門御大は頭が痛いと休む――そんな両御大の意地の張り合いを姉・木暮実千代が仲裁した笑い話。毎日午後四時きっかりに鶴田浩二が和可菜にやってきては、俺のここの台詞をもっとかっこよくしてくれ、もっと目立つようにしてくれと脚本家に指示して、脚本家は途方にくれていたという話。高倉健は誰にでも礼儀正しかったという話など、思い出などを語ってくれる。そして、一通り話し終わったあと、「でもみんな死んじゃったわね」とぽつりと言った。

私がその場所を二十代で初めて訪れたとき、女将さんは「あんた何やってんの?」と問うた。私が、「えっと、物書きの……」と言おうとしたのを遮って、「下っ端?」「はい、下っ端です」「じゃあ、5000円でいいわよ」。むろん、5000円は宿の代金ではなく、そのときの私の価値だろう。「この旅館はね、出世旅館って言われてるの。あんたがはやく出世しないかと思っててんのよ」。その後、小なりとも仕事を頂くようになって、私の方から自主的に6000円、7500円と料金をあげさせて頂いた。

❖消えゆく「京都のおねだん」

しかし、こんなおねだんのやりとりも、女将さんの代で最後だ。私は本書のあとがきを和可菜で書こうと思っていた。京都のおねだんは京都だけのものではないと書きたかったのだ。しかし先ごろ、二〇一五年末に、惜しまれつつ休業して、そんなささやかな思いも果たせなくなった。休業の理由は女将さんの高齢もあるけど、日本映画界が機材のデジタル化には巨額のおねだんを払っても、じっくりストーリーを考えて執筆するという営みにおねだんを払う余裕がなくなったからだ。

前著『チャップリンとヒトラー』で大きな賞を受賞したと伝えると、すでに休業を決めておられた女将さんは、「良かったわね。あんた学生時代から来てたもんね。これで安心だわね」と涙を流して喜んでくれた。翌日、ふたのついた湯飲みをお祝いにくれた。「ふた付きだから原稿書いてても冷めなくていいでしょ」。今、京都の自宅で、その湯飲みにお茶を淹れて、最後の物書き旅館の温もりを感じながらこれを書いている。「姉が持ってた有名な絵描きさんの立派な掛け軸を調べてもらったら、贋作だったの。贋作だって証書と一緒にあんたに送ってあげるわ」。楽しみに待っていたが、さすがに贋作の掛け軸は届かなかった。こうして、神楽坂のおねだんは思い出になってしまった。

結局、京都のおねだんというのは、モノのおねだんではなく、人のおねだん、人の気持ちのおねだんだと思う。一昔前は、ほかの街にもあったのだ。見失った心のおねだんを知りたくて、人は京都を訪れる。

心のおねだんゆえに、それはわかりにくい。私は「京都のおねだん」を他の街でも見つけたい。京都は特別ですよ、と言いたくてこの本を書いたのではない。それぞれの街が、それぞれのおねだんを大切にできる、そんな世の中であってほしい。

京都では、おねだんを優しくまけてくれることもあるだろうし、逆に高いおねだんをふっかけられて、厳しく試されることもあるだろう。京都のおねだんが教えてくれるのは、「私のおねだん」なのかもしれない。まだ京都人見習いの小僧が記したこのおねだん表は、京都人一年生一学期の通知簿のように己の価値を悟らせてくれる。十年後には少しでも成長していて恥ずかしくて読み返せなくなっていることを祈る。——いや、十年ぐらいではわからぬか。京都のことも、己のことも。

あとがき

本書の締めくくりに、あらためて「京都」を体験しようと、プロローグで紹介した柊家旅館の、チャップリンが使ったお茶室に泊めていただいた。何度か取材や収録で訪れたことがあるし、お食事だけいただいたことはあるが、宿泊は初めてだ。

お茶室はほかの部屋に比べて小さいのと、お風呂が付いていないので、普段は客室としてはあまり使用していないとのこと。それでも、チャップリンが使ったお部屋ゆえ同じ「気」の中で素敵なアイディアが得られるかもしれないと思って、ご無理を申し上げた。チャップリンはもとより、数々の文人に愛されたお宿で原稿の仕上げをして、昔の文豪みたいな一夜を過ごしてみようか——そんな愚にもつかぬミーハー根性である。

自宅からタクシーでも拾えばよかったのだが、つい、いつもの癖で、自転車で柊家を訪れてしまった。玄関係の方は、ガレージに入れておきます、と私の自転車の鍵を預かってくれた。老舗旅館の玄関係に自転車の鍵を大層に預けるなんて、のっけからチャップリン並のコメディを演じてしまったわけだが、柊家の皆さんは優しく迎えてくれた。

お茶室の一輪挿しには季節の花。小雨が上がって濡れた庭の石が美しい。机に原稿を広げて書きものをしていると、知らぬ間に庭の石灯籠にぽっと明かりがともっていた。

素晴らしい京懐石を部屋でいただき、家族風呂にゆったりと浸かる。これほどまで幸せな時間を過ごすと、原稿に集中する気にもなれない。この時点で文豪の真似事計画は失敗である。小さいのに遠近の妙に吸い込まれそうになる坪庭はもちろん、簡素を旨とする茶室の柱の木目や壁をじっと見続けて飽きないのはなぜだろう？　市中の喧騒が聞こえないのも不思議だ。これを形容するのに「日常と隔絶された非日常」などの紋切り型では不十分だ。視聴覚や時空の感覚の異なった別の宇宙に放り込まれたようだ。文豪がここで原稿を書いていたというのは、そもそも彼らがその宇宙の住人だったのだろう。私には、まだその資格はない。

夜中に旅館の外に散歩に出てみたのだが、見慣れた街なのに妙に艶やかで現実感に乏しく、やはりなにか別の惑星に降り立ったように感じられた。宿に戻ると、下足係のおじさんが、ジェラルディン・チャップリンはええ女優さんですなあ、『愛と哀しみのボレロ』以来のファンです、と話してくれた。部屋に帰って、少しは原稿をまとめようとしつつ、こちらに話題を合わせてくれた下足係のおじさんの教養に思いをめぐらせ、またぼんやりと木目や壁を見遣って、このお茶室の空間の不思議さと魅力を書き留めようとしたけど、その言葉を見つけられぬまま夜が明けた。

この本は、私が京都で生活する中での人や事柄との出会いの賜物だ。本文に登場していただいた皆さまのお力添えがなければ、それゆえ存在し得なかった。あらためて感謝する。

本書の元となったのはあるウェッブ・マガジンに連載していたものだった。京都人見習いならではの視点に可能性を見出してくださった講談社の本橋浩子さんがいなければ、一冊の本になるなど思いもよらなかった。本書は、大の京都ファンである東京人・本橋さんとのキャッチボールの成果だ。京都の私と東京の本橋さんとのキャッチボールは、お茶室と街中を行き来するような、その都度新鮮な異次元交流だった。自分が住む街も、本橋さんが住む街も、前よりも好きになった。その後、編集の任を引き継いでくださった秋田出身の石川心さんと京女の坂本瑛子さん（講談社に入社が決まった際、「都落ちするのか……」と親族に嘆かれたという）の新しい方向と視点からのアドバイスを得て、完成を見た。記して感謝する。

というわけで、このたび生まれて初めて、あとがきを御土居の内側で書いた。

二〇一六年七月二十八日　洛中　柊家のお茶室にて

大野裕之

4刷のための追記（2025年1月14日）

このたび本書は版を重ねて、累計で4刷となった。ロングセラーに育てていただいた読者の皆様と講談社に深く感謝する。

脱稿から8年を経て、本書に登場していただいたいくつかの場所はなくなってしまった。とりわけ、茶香房　長竹、KAGIYA、三月書房の閉店は惜しまれる。また京都大学は、かろうじて閉店こそまだのようだが、百万遍の立て看板を取り締まるようになり、警察権力を学内に入れるようになった。そこに再び自由の校風を吹かせるべく奮闘する学生たちに敬意を表したい。

当然ながら、本書に記されたおねだんには変化が見られる。なかでも柊家さんや浜作さんが2倍程度になっているのは、この国で本物のクオリティを保つことがますます難しくなっていることを窺わせる。どこが閉店して、どのおねだんが変わらず、何が高くなったか。それらは京都の変化を物語る。２０１７年当時のおねだんを記録しておくためにも、本書に記された価格の修正は行わないことにする。

折しも本日、京都市は２０２６年より宿泊税の最高額を１万円に上げることを発表した。次に書くべき本は、インバウンド時代の京都のおねだんかもしれない。

本書に登場した場所・お店

❶ 柊家
❷ 柳
❸ 浜作
❹ 茶香房 長竹
❺ イノダコーヒ
❻ フランソア喫茶室
❼ 東華菜館
❽ 竹香
❾ 祇園おくむら
❿ リストランテ ストラーダ
⓫ 丸善京都本店
⓬ KAGIYA
⓭ 満月本店
⓮ ふたば
⓯ 一保堂
⓰ 村上開新堂
⓱ 三月書房
⓲ 森嘉
⓳ 服部
⓴ PESCO PESCA
㉑ ラトリエール
㉒ 錦市場
㉓ 八坂神社
㉔ 壬生寺
㉕ 人力車のえびす屋
㉖ 閑臥庵
㉗ ひさご寿し
㉘ 小丸屋住井
㉙ 阿以波
㉚ 山岡白竹堂
㉛ エム'ズエステート
㉜ 伏見稲荷駅前の駿河屋
㉝ 永楽屋
㉞ 佐々木酒造
㉟ ふや町映画タウン
㊱ 名曲喫茶 柳月堂
㊲ 東映京都撮影所
㊳ 松竹撮影所
㊴ 京都市役所
㊵ 京都大学
㊶ 上七軒 梅乃
㊷ 上七軒歌舞練場
㊸ 先斗町 BAR亜弥
㊹ 京都祇園 天ぷら八坂圓堂
㊺ 宮川町 近江榮

祇園周辺
左京区
中京区
三条大橋
さんじょう
さんじょう けいはん
市営東西線
ひがしやま
古川町通
三条通
ウェスティン都ホテル京都
青蓮院
新京極通
河原町通
木屋町通
先斗町通
四条大橋
川端通
古門前通
花見小路通
東大路通
京都華頂大学
神宮道
知恩院
山科区
錦天満宮
かわらまち
四条通
円山公園
南座
ぎおんしじょう
高島屋
団栗橋
下京区
京阪本線
高瀬川
祇園甲部歌舞練場
建仁寺
高台寺
京都霊山護国神社
安井金比羅宮
霊山観音
東山山頂公園
八坂の塔（法観寺）
松原橋
六道珍皇寺
二年坂
東山区
六波羅蜜寺
清水坂
鴨川
東山区役所
産寧坂
きよみずごじょう
0
500m
1 2 3 4 6 7 8 9 11 23 27 28 43 44 45

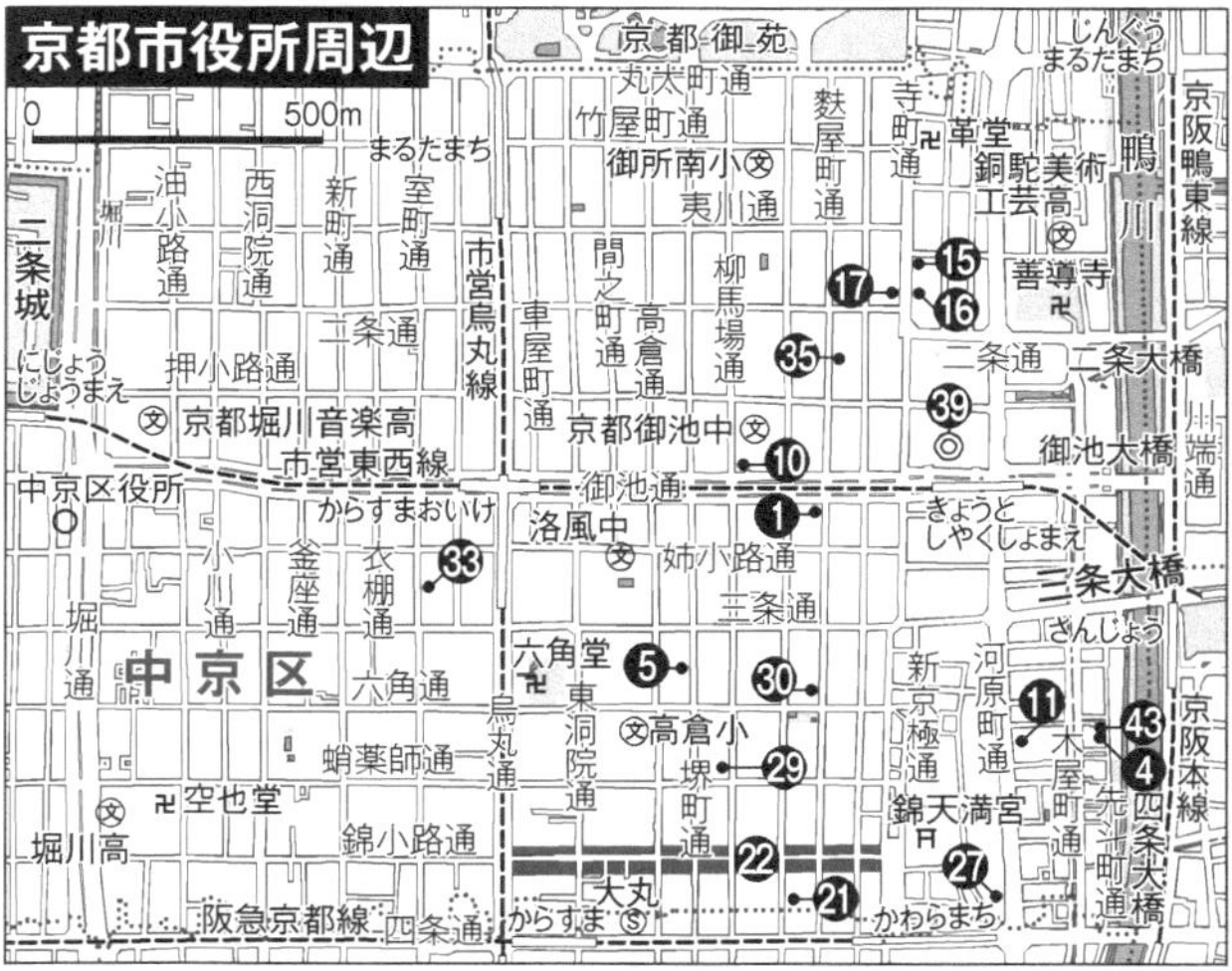
京都市役所周辺
京都御苑
じんぐうまるたまち
丸太町通
竹屋町通
0
500m
まるたまち
麩屋町通
寺町通
革堂
京阪鴨東線
鴨川
銅駝美術工芸高
御所南小
夷川通
油小路通
西洞院通
新町通
室町通
市営烏丸線
堀川
二条城
間之町通
高倉通
柳馬場通
車屋町通
善導寺
二条通
二条大橋
にじょうじょうまえ
押小路通
京都堀川音楽高
京都御池中
御池大橋
川端通
市営東西線
御池通
中京区役所
からすまおいけ
きょうとしやくしょまえ
洛風中
姉小路通
小川通
釜座通
衣棚通
三条大橋
三条通
さんじょう
六角堂
新京極通
河原町通
堀川通
中京区
六角通
烏丸通
東洞院通
高倉小
木屋町通
京阪本線
蛸薬師通
堺町通
先斗町通
四条大橋
空也堂
錦天満宮
堀川高
錦小路通
大丸
阪急京都線
四条通
からすま
かわらまち
1 4 5 10 11 15 16 17 21 22 27 29 30 33 35 39 43

出町柳周辺
0
500m
叡山電鉄
叡山本線
高野川
賀茂川
葵橋
河合橋
出町橋
御蔭通
養正小
光福寺
でまちやなぎ
でまちやなぎ
14
13
知恩寺
36
清風荘
京都大理学部
植物園
今出川通
20
賀茂大橋
京阪鴨東線
鞠小路通
東今出川通
京極小
40
上京区
鴨川
第四錦林小
梨木神社
府立医科大
附属病院
東一条通
吉田神社
神楽岡通
京都精華女子高・中
鴨沂高
左京区
府立医科大
寺町通
12
河原町通
近衛通
荒神橋
真正極楽寺
（真如堂）
神楽坂通
19
川端通
京都大
附属病院
東大路通
金戒光明寺
（黒谷）

嵯峨・太秦周辺
周山街道
右京区
国道162号
龍安寺
仁和寺
御室川
広沢池
大覚寺
京福北野線
妙心寺
さがあらしやま
清涼寺
双ヶ岡
18
丸太町通
うずまさ
31
はなぞの
あらしやま
山陰本線（嵯峨野線）
37
天龍寺
あらしやま
京福嵐山本線
東映太秦映画村
車折神社
広隆寺
25
渡月橋
ありすがわ
かたびらのつじ
38
うずまさこうりゅうじ
うずまさてんじんがわ
あらしやま
桂川
法輪寺
嵐山
有栖川
阪急嵐山線
西京区
0
1km

謝辞

本文に登場していただいた方々――登場順に、柊家の女将西村明美さん、柳の柳孝さん、浜作の森川裕之さん、茶香房 長竹の長竹俊三さん、リストランテ・ストラーダの福村賢一さん、茂山逸平さん、服部の服部一夫さん、馬庭鉄朗さん、ラトリエールの春名祐輝さん、壬生寺の松浦俊昭さん、人力車のえびす屋の加藤誠一さん、ひさご寿しの宇治田脩孟さん、小丸屋の住井啓子さん、阿以波の饗庭智之さん、山岡白竹堂の山岡憲之さん、エム,ズエステートの岡本将人さん、永楽屋の十四代細辻伊兵衛さん、佐々木酒造の佐々木晃さん、ふや町映画タウンの大森乃さん、名曲喫茶柳月堂の陳壮一さん、門川大作市長をはじめ京都市の皆さん、上七軒 梅乃の中路裕子さん、先斗町の亜弥さん、京都祇園 天ぷら八坂圓堂の遠藤弘一さん、東京・神楽坂 和可菜の和田敏子さん、そしてお茶屋遊び歴二十年のAさんと匿名のお茶屋さん――本書は多くの皆様とのご縁の賜物です。本当にありがとうございます。また、大阪府立茨木高等学校長の岡﨑守夫さん、茨木高校久敬会事務局長の中村和夫さん、茨木市役所の大野朝士さん、東映京都撮影所の西嶋勇倫さん、松竹撮影所の井汲泰之さん、東映株式会社の木村立哉さん、映画プロデューサーの榎望さんにもお世話になりました。記して感謝します。

柊家の茶室から見た坪庭。

N.D.C.291.62　222p　18cm
ISBN978-4-06-288419-8

講談社現代新書　2419

京《きょう》都《と》のおねだん

二〇一七年三月二〇日第一刷発行　二〇二五年二月五日第四刷発行

著者　大《おお》野《の》裕《ひろ》之《ゆき》

発行者　篠木和久

発行所　株式会社講談社
東京都文京区音羽二丁目一二―二一　郵便番号一一二―八〇〇一
電話　〇三―五三九五―三五二一　編集（現代新書）
〇三―五三九五―五八一七　販売
〇三―五三九五―三六一五　業務

装幀者　中島英樹
印刷所　株式会社KPSプロダクツ
製本所　株式会社KPSプロダクツ
本文データ制作　講談社デジタル製作

定価はカバーに表示してあります　Printed in Japan

「講談社現代新書」の刊行にあたって

教養は万人が身をもって養い創造すべきものであって、一部の専門家の占有物として、ただ一方的に人々の手もとに配布され伝達されうるものではありません。

しかし、不幸にしてわが国の現状では、教養の重要な養いとなるべき書物は、ほとんど講壇からの天下りや単なる解説に終始し、知識技術を真剣に希求する青少年・学生・一般民衆の根本的な疑問や興味は、けっして十分に答えられ、解きほぐされ、手引きされることがありません。万人の内奥から発した真正の教養への芽ばえが、こうして放置され、むなしく滅びさる運命にゆだねられているのです。

このことは、中・高校だけで教育をおわる人々の成長をはばんでいるだけでなく、大学に進んだり、インテリと目されたりする人々の精神力の健康さえもむしばみ、わが国の文化の実質をまことに脆弱なものにしています。単なる博識以上の根強い思索力・判断力、および確かな技術にささえられた教養を必要とする日本の将来にとって、これは真剣に憂慮されなければならない事態であるといわなければなりません。

わたしたちの「講談社現代新書」は、この事態の克服を意図して計画されたものです。これによってわたしたちは、講壇からの天下りでもなく、単なる解説書でもない、もっぱら万人の魂に生ずる初発的かつ根本的な問題をとらえ、掘り起こし、手引きし、しかも最新の知識への展望を万人に確立させる書物を、新しく世の中に送り出したいと念願しています。

わたしたちは、創業以来民衆を対象とする啓蒙の仕事に専心してきた講談社にとって、これこそもっともふさわしい課題であり、伝統ある出版社としての義務でもあると考えているのです。

一九六四年四月　野間省一